# Das Online Marketing Konzept der Top Unternehmer

Erfolgreiche Persönlichkeiten und ihre geheimen Business-Strategien. Durch deine Persönlichkeit erfolgreich werden, Branding aufbauen, zu einer Marke werden.

# Ziel des Buches

Fragst Du Dich auch immer, warum es so hart ist, ein Branding aufzubauen und eine Marke zu werden? Du versuchst alles, um am Markt sichtbar zu werden, für Aufträge gebucht und dafür auch entsprechend entlohnt zu werden - und nichts scheint wirklich zu funktionieren.

Viele Speaker, Trainer, Berater und Coaches verfügen über ein herausragendes Wissen. Ein Wissen, das in die Welt getragen werden muss. Doch wieso schaffen es nur so wenige Experten, ihr Wissen weiterzugeben, sich zu positionieren und Neukunden zu gewinnen?

In diesem Ratgeber erfährst Du die gänsehauterregende Wahrheit darüber, wie es einige der besten Speaker, Trainer, Berater, Coaches geschafft haben, fantastische Erfolge zu feiern. Du kannst das auch: Wenn Du Dich an die geheime Architektur für Branding, Positionierung, Reichweite und Bekanntheit hältst, die Du in diesem Wissenswerk aufgezeigt bekommst.

Alle Strategien sind sorgfältig getestet und haben nachweislich zum Erfolg geführt. Damit ersparst Du es Dir, nach dem Motto "Trial and Error" verfahren zu müssen.

Die Fähigkeit, Dich als Experte zu positionieren und ein Branding aufzubauen, versetzt Dich in die Lage, dauerhaft Neukunden zu gewinnen, Deine Reichweite zu erhöhen und Deine Sichtbarkeit am Markt massiv zu steigern. Um dieses Wissen wirst Du von Deinen Mitbewerbern beneidet werden. Garantiert.

Neben einer Schritt-für-Schritt-Anleitung zur Expertenpositionierung erhältst Du zudem ein Arbeitsbuch, das Dir die Möglichkeit gibt, sofort in die Umsetzung zu kommen.

Ich hätte dieses Wissen problemlos im Rahmen einer Mastermindveranstaltung für 10.000 Euro und mehr verkaufen können, doch ich habe mich bewusst für einen anderen Weg entschieden, um Dir die Möglichkeit zu geben, ein echter Durchstarter am Markt zu werden. Ich gewähre Dir Einblicke in die Strategien der Top-Experten, um Dich zu einem Top-Experten zu machen

# Link und Ressourcen

Dir als Leser stelle ich ein kostenloses Workbook zur Verfügung. Dabei handelt es sich um eine Zusammenstellung für den Weg zum Top-Speaker, der mit seinem Expertenwissen Neukunden gewinnt und die Honorare erzielt, die er sich wünscht und die er auch verdient hat.

In diesem Workbook erlernst Du Schritt für Schritt die wirkungsvollsten Techniken, um eine nachhaltige Reichweite, Bekanntheit und Dein Persönlichkeitsbranding aufzubauen. Indem Du das Workbook durcharbeitest, wirst Du zur Marke und gewinnst die Kunden, die zu Dir passen.

Hier kannst Du Dir Dein persönliches, kostenloses Workbook sichern, das mich während meiner gesamten bislang 20-jährigen Speakerkarriere begleitet hat:

**https://klickehier.com/hermann-scherer-workbook**

Und das ist noch nicht alles: Darüber hinaus erhältst Du ein zehntägiges Mentoringprogramm, bei dem ich Dich an die sprichwörtliche Hand nehme und Dich zehn Tage lang per E-Mail begleite.

Das Workbook und das Mentoringprogramm sind so aufgebaut, dass beide mit einem minimalen täglichen Aufwand umsetzbar sind. Ein kleines Invest mit einer großen Wirkung. Es ist nicht mehr und nicht weniger Aufwand, als ein kleines tägliches Invest. Dieses Workbook ist die einfachste und wirkungsvollste Abkürzung, die aktuell online zu finden ist.

# Einleitung

Du bist gut, aber keiner sieht es? In Dir schlummern ungeahnte Fähigkeiten, die Du gerne mit vielen anderen Menschen teilen würdest? Du möchtest Dein eigenes Business aufbauen, weißt aber noch nicht so recht, wie Du das anstellen könntest? Wenn Du nur eine dieser Fragen mit „Ja“ beantworten kannst, dann ist dieses EBook genau das richtige für Dich. Auf 69 Seiten findest Du hier geballtes Expertenwissen zu den Themen „Markenaufbau“, „Reichweitengewinnung“ und „Umsetzung“. Menschen, die es geschafft haben, die auf den Bühnen dieser Welt zuhause sind, die im Internet Millionen von Followern haben oder die sich ihren ganz persönlichen Lebenstraum erfolgreich verwirklicht haben – sie alle lasse ich auf den nächsten Seiten zu Wort kommen. Tritt ein in die Welt dieser Experten, lasse Dich inspirieren, von ihrer Begeisterung anstecken und komme in die Umsetzung.

Ich möchte Dir zu Beginn eine kleine Geschichte erzählen. Es ist die Geschichte eines jungen Mannes, der von seinen Eltern mehrere Millionen DM Schulden übernommen hat. Während ihm sein Umfeld dazu riet, eine Privatinsolvenz anzumelden, um in sechs Jahren schuldenfrei zu sein, entschied er sich dazu, sein Schicksal selbst in die Hand zu nehmen und den Schuldenberg abzutragen. Stück für Stück für Stück. Er überlegte sich, welches Business das Beste ist, um in möglichst kurzer Zeit möglichst viele Einnahmen zu generieren. Er entschied sich dafür, Speaker zu werden. Heute, einige Jahrzehnte später, gehört er zu den erfolgreichsten Rednern Deutschlands, bildet selbst Speaker aus – und den Schuldenberg kennt er nur noch aus seiner Erinnerung. Es ist meine Geschichte. Die Geschichte von Hermann Scherer.

Und mir ist es eine Herzensangelegenheit, dass ich auch Dich dazu bringe, eine ähnliche Erfolgsgeschichte zu schreiben. Es ist mir ein persönliches Anliegen, Dir zu zeigen, dass Du groß(artig) bist und dass auch Du zu dem Glückskind werden kannst, das ich in meinem SPIEGEL-Bestseller „Glückskinder“ beschreibe.

Auch wenn ich schon vieles erlebt und durchlebt habe, über jahrzehntelange Erfahrung im Speaker-Business verfüge, zahlreiche

Firmen gegründet und zur Marktführerschaft gebracht und mehrere Bestseller-Romane veröffentlicht habe, weiß ich, dass ich lange nicht alles weiß. Auch ich greife immer wieder auf das Wissen von Experten zurück. Experten in ihren Bereichen.

Sie alle lasse ich in meinem EBook „Der Weg zum Experten“ zu Wort kommen – damit Du von deren Wissensschatz profitieren kannst. Sie alle geben Dir einen umfassenden Einblick in ihr Spezialgebiet, haben Tricks und Tipps parat. Denn sie alle sind nicht durch Zufall dahin gekommen, wo sie heute sind. Sie alle haben hart und akribisch gearbeitet, mussten zwischendurch immer wieder Rückschläge hinnehmen, sind wieder aufgestanden, haben weiter gemacht und sich nicht von ihrem Weg abbringen lassen. Und ich bin mir sicher: Wenn Du am Ende dieses EBooks angelangt bist, ist Dir vieles klarer und Du wirst darauf brennen, sofort in die Umsetzung zu kommen und genau diesen Weg zu gehen, den die Experten und ich gegangen sind.

Weil ich Dich mit diesem geballten Wissensfundus nicht alleine lassen möchte, halte ich noch ein besonderes Gimmick für Dich bereit: ein Workbook, das für Dich als Leitfaden auf dem Weg zum Top-Speaker oder Top-Coach dient.

https://klickehier.com/hermann-scherer-workbook

# Wie werde ich zur Marke? Wie positioniere ich mich richtig?

## Die Geheimnisse von Hermann Scherer und seinem Erfolg als Top-Speaker

Was nutzt es, gut zu sein, wenn keiner es weiß? Diese Frage stelle ich meinen Kunden und Teilnehmern gerne und oft. Und diese Frage habe ich auch ein wenig zum Leitsatz meiner Speakerausbildungen gemacht. Denn ich lege nicht nur den Fokus darauf, dass die Menschen lernen, gut zu reden und sich vor Publikum zu präsentieren, sondern in gleichem Maße auch darauf, dass der einzelne Mensch sich zu einer Marke macht. Gerade in einem Zeitalter der Dienstleistungen werden auch die Menschen immer mehr miteinander verglichen – und deswegen braucht es Alleinstellungsmerkmale. Hier differenziere ich gerne zwischen dem Preis und dem Status Marke. Wer keine Marke am Markt ist oder nicht als solche wahrgenommen wird, der kann sich nur durch einen günstigen Preis gegen die Konkurrenz durchsetzen. Deswegen ist es wichtig, sich als Marke zu inszenieren. Das führt dazu, dass zum einen als etwas Besonderes wahrgenommen wird und zum anderen dazu, dass man zu einem angemessenen Honorarsatz gebucht wird.

Allerdings sehe ich den Weg dorthin als Prozess. Ein Prozess, während dem verschiedene Faktoren wichtig sind: Beispielsweise Geduld. Du musst Dich darauf einstellen, dass Du zwei Jahre Scheiße fressen musst, ehe Du den Rest des Lebens Champagner trinken kannst.

Ein weiterer Faktor: Fokussiere Dich auf das Wesentliche. Ich selbst habe beispielsweise auch erst ein Schlüsselerlebnis gebraucht, das diese Erkenntnis in mir reifen ließ. Als ich – auf Anraten meiner heutigen Ehefrau – eine Woche in einem Schweigekloster verbracht habe, in dem es darum ging, weder zu reden noch zu denken („Die

Gedanken kommen und gehen“), bekam ich am Ende die Gelegenheit zu einem fünfminütigen Gespräch mit dem Meister. „Was bitteschön ist Leistung?“ Diese Frage stellte ich ihm. Die Reaktion des Meisters: „Leistung ist gleich Potenzial minus Störfaktoren.“ Eine Aussage, die sich nicht nur in mein Gedächtnis einbrannte, sondern die sich auch nachhaltig auf mein Handeln auswirkte. Die Aussage unterstellte, dass alle Menschen über Potenzial verfügen, dass sie es allerdings auch schaffen müssen, die Störfaktoren zu minimieren, um in der Lage zu sein, dieses Potenzial abzurufen.

So nachvollziehbar das im ersten Moment klingen mag, so schwierig ist die Umsetzung. Schließlich hat jeder Einzelne - und da schließe ich mich ein - das Problem, dass er tausend Dinge macht, die ihn davon ablenken, das zu tun, was ihn dem Ziel näherbringt. Man verliert sich so schnell in kleinteiligen und auf den zweiten Blick sinnlosen Aufgaben, statt den Fokus auf das Wesentliche zu richten.

Hinzu kommt, dass die meisten Menschen zu viel zweifeln. Hier ist die Intelligenz unser Feind. Denn Intelligenz führt dazu, dass man zu viel grübelt und über dem Grübeln unzählige Gründe dafür findet, warum etwas nicht funktionieren wird. Dabei sind auch Macken durchaus erwünscht, müssen also keinesfalls eliminiert werden. Menschen lieben Macken und sie lieben es noch mehr, wenn man dazu steht. Du musst Dich von dem Gedanken verabschieden, perfekt sein zu wollen. Perfektion ist eine Illusion und sie hindert Dich daran, ins Handeln zu kommen. Dabei ist es viel besser, einfach rauszugehen und zu machen. Ich nenne das Commitment. Also ein leidenschaftliches Engagement, mit dem Du in der Lage bist, ein Feuer zu entfachen. Das ist dann möglich, wenn Du für das brennst, was Du tust.

Wer das schafft, der schafft es auch, sein Publikum zu begeistern. Und das ist wichtig, um angemessene Honorare zu erzielen, um als Marke wahrgenommen zu werden. Wissen wird mit 500 Euro honoriert. Gänsehaut mit 10.000 Euro. Menschen wollen Wissen plus Emotionen plus Dramaturgie. Das ist ein Teil des Geheimnisses auf dem Weg zur Marke. Ein weiterer Teil ist Selbstvergessenheit, was bedeutet, dass Du Dich nicht zu sehr mit Deiner Außenwirkung beschäftigen solltest: Komme ich gut an? Wie komme ich noch besser an? Was muss ich tun, um vom Publikum geliebt zu werden? Hier habe ich vor allem einen Tipp: authentisch sein und sich den Themen widmen, die eine echte Herzensangelegenheit sind, nicht den Themen, von denen Du denkst, dass sie beim Publikum gut ankommen.

Zudem ist der Rahmen, also die Inszenierung auf der Bühne, genauso wichtig wie der Inhalt einer Rede. Die Qualität eines Auftritts setzt sich am Ende aus beiden Faktoren zusammen. Es müssen Emotionen transportiert, Wow-Effekte geschaffen werden. Ich nenne es Work-Euphoric: Wer seine Arbeit liebt, der strahlt das auch aus und ist in der Lage, die Menschen abzuholen und mitzunehmen.

Damit die Menschen aber überhaupt zu den Veranstaltungen kommen, muss Sichtbarkeit gewährleistet sein. Auch wenn ich ein großer Freund von Homepages bin, kann ich Dich nur davor warnen, die Seiten falsch aufzubauen und ein falsches Bild von der eigenen Person zu malen. In so einem Fall können Webseiten auch wahre Umsatzzerstörer sein. Die Positionierung muss eine sehr potenzialstarke Positionierung sein. Da Homepages dem potenziellen Kunden eine gute Möglichkeit des Vergleichens bieten, besteht die Gefahr, dass Du bei diesem Vergleich schlecht abschneidest, weil Du Dich unter Wert verkaufst. Wenn Du Deine einzelnen Ausbildungen und Zertifikate auflistest, ist das schön und gut. Allerdings macht Dich das auch vergleichbar. Stattdessen ist es wichtig und sinnvoll, wenige Dinge aufzuführen und Dich auf das zu konzentrieren, was Du wirklich gut kannst und wodurch Du Dich von der Konkurrenz abhebst. Außerdem muss es Dir mit Deiner Homepage auch gelingen, Emotionen zu transportieren und die Gefühlsebene Deines potenziellen Kunden anzusprechen.

Eine gute Ergänzung zu einer Homepage ist das Schreiben eines Buches. Hier besteht auch die Möglichkeit, mit einem Ghostwriter zusammenzuarbeiten. Ein Buch schafft auch in den Medien Sichtbarkeit.

Bei all diesen Vorhaben, die darin münden sollen, dass Du als Marke wahrgenommen wirst, sind zwei Dinge wichtig: dass Du Dir hohe Ziele setzt („Die Treppe wird immer von oben gekehrt") und dass Du schnell in die Umsetzung kommst. Selbst wenn diese

Umsetzung im ersten Anlauf in einem Ergebnis mit schlechter Qualität mündet, ist schon einmal ein Grundstock vorhanden, mit dem Du arbeiten, an dem Du jederzeit feilen kannst. Selbst wenn Du mit diesem Ergebnis nicht direkt den gewünschten Erfolg erzielst, ist es wichtig, nicht gleich aufzugeben und/oder alles umzuwerfen, sondern stattdessen das Vorhandene besser zu machen – vorausgesetzt, das Vorhandene ist tatsächlich das, wofür Du brennst. Leidenschaft: Die sollte sich wie ein roter Faden durch das gesamte Tun ziehen.

Fazit: „Geht raus und zündet die Welt an." Das rate ich all denen, die als Speaker die Bühnen dieser Welt erobern möchten. Um für Dein Handeln entsprechend honoriert zu werden – mit Applaus, aber auch mit dem entsprechenden Honorar – ist es im Zeitalter zunehmender Vergleichbarkeit wichtig, sich als Marke zu inszenieren, das heißt, durch Inhalte und Inszenierung Alleinstellungsmerkmale zu schaffen. Dies gelingt nicht nur durch mitreißende Auftritte, sondern auch durch Internetauftritt, Buch etc.

# Wie das richtige Mindset Erfolg bringen kann

Mindset? Wozu ist das gut? Was bedeutet es überhaupt? Genau davon handelt das folgende Kapitel. Sechs der Top-Experten auf diesem Gebiet, Calvin Hollywood, Mike Hager, Michael von Kunhardt, Stephan Gingter, Kirsten Altvater und Katja Voigt, erklären Dir, wie Du Dein Mindset auf Erfolg ausrichten kannst. Mindset kommt, wie der Name es schon vermuten lässt, aus dem Englischen und kann auf vielfache Weise übersetzt werden. Es bedeutet beispielsweise Haltung, Denkweise, Orientierung oder Lebensphilosophie. Und so vielfältig die Übersetzungsmöglichkeiten sind, so variantenreich sind auch die Faktoren, die unser Mindset beeinflussen. Positiv wie negativ. Noch. Denn dank unserer Experten lernst Du, wie Du Dein Mindset richtig ausrichten, wie Du Deine Denkweise und, in der Folge, auch Dein Handeln positiv beeinflussen kannst. Du wirst erfahren, wie Du aus Niederlagen gestärkt hervorgehen kannst, statt Dich von ihnen aus der Bahn werfen zu lassen. Du wirst lernen, wie Du neue, vielleicht auch mal unkonventionelle, Wege beschreiten kannst, um am Ende erfolgreich zu sein. Du wirst lernen, wie Du mit dem Thema Angst richtig umgehen solltest, um die dadurch freigesetzte Energie in positive Dinge umzuwandeln. Kurzum: Du erfährst in diesem Kapitel wie Du Dein Mindset auf Erfolg einstellen kannst.

# Calvin Hollywood – vom Spezialisten zum Multi-Unternehmer und dabei immer authentisch - Die Macht der Authentizität

„Mut tut gut" – das ist ein wichtiger Grundsatz, den Calvin Hollywood den Menschen mit auf den Weg gibt. Und er weiß, wovon er spricht. Schließlich hat er selbst einmal als Fotograf angefangen, war Spezialist auf einem relativ begrenzten Gebiet, hat die unternehmerischen Gene nicht, wie viele andere, in die Wiege gelegt bekommen – und ist dennoch mittlerweile zu einem echten Tausendsassa avanciert: Er hat bereits mehrere Unternehmen gegründet, ist dabei immer wieder hingefallen, aufgestanden, hat ausprobiert, verworfen, hat neue Wege beschritten, nach rechts, nach links, aber nie zurück gesehen. Und er wurde belohnt: Insgesamt 170 Produkte hat er mittlerweile auf den Markt gebracht, hat mit „Wer will, der kann" sein erstes Buch veröffentlicht und hat bei sozialen Medien wie Facebook, Instagram und Co. aktuell schon mehr als 250.000 Follower, die ihm tagtäglich Inspiration und Motivation sind. „Viele meiner Produkte, Videos und Unternehmen sind aus den Ideen entstanden, die die Menschen auf unterschiedlichen Plattformen an mich herangetragen haben", sagt er. Und er ist sich gleichzeitig sicher, dass auch jeder andere den Weg gehen, zu einem erfolgreichen Unternehmer, zu einem gefragten Redner und zu einem inspirierenden Autor werden kann. Sein Erfolgsrezept ist auch gleichzeitig der Titel seines Buches: „Wer will, der kann." Dabei dürfen die Wege auch gerne mal unkonventionell oder in der Branche verpönt sein – so lange man immer das Ziel vor Augen hat. „Ich habe immer wieder ausprobiert und andere Menschen beobachtet. Auch wenn das Kopieren gerade in der Kreativbranche nicht gerne gesehen wird, lohnt es sich doch, Menschen nachzueifern, die die Ziele schon erreicht haben, die ich selbst erreichen möchte." Er nennt es das Schüler-Meister-Prinzip. Zu den Fähigkeiten eines guten Schülers gehört es laut Calvin

Hollywood auch, sich Wissen anzueignen. Und zwar das Wissen, das nötig ist, um die eigenen Ziele zu erreichen.
Genau wie das Scheitern auf dem Weg zum selbst gesteckten Ziel dazu gehört. Die Angst, möglicherweise an der einen oder anderen Stelle scheitern zu können, sollte hierbei nie das eigene Handeln dominieren. Calvin Hollywoods Herangehensweise ist eine ganz andere: Man ist weitaus schneller am Ziel, wenn man unterwegs dreimal hinfällt und anschließend wieder aufsteht, als wenn man gar nicht erst anfängt, weil man alle Unwägbarkeiten und alle Eventualitäten auslotet und ständig hadert. „Was kann schon passieren? Es geht doch darum, den eigenen Traum zu verwirklichen."
Ein weiterer, wichtiger Tipp, um diesen Traum zu verwirklichen, lautet: das 20-80-Prinzip anzuwenden. Jeder sollte den Fokus auf die 20 Prozent legen, die wirklich wichtig und zielführend sind – und die 80 Prozent, die einen nicht zum Ziel bringen, einfach beiseiteschieben. Effizienz vor Effektivität : Man sollte sich deswegen bei jeder neuen Aufgabe, bei jeder neuen Herausforderung immer die Frage stellen: Bringt mich das meinem Ziel jetzt tatsächlich näher oder ist es – wenn ich ehrlich zu mir selbst bin und auch das Feedback meines Umfelds, meiner Kunden, meiner Follower einbeziehe – reine Zeitverschwendung?
Fokus bedeutet für Calvin Hollywood allerdings auch, den Status des Beastmode zu erreichen: sich komplett auf eine Sache zu konzentrieren, alles andere zu vergessen und nahezu versessen zu sein, das gesteckte Ziel zu erreichen. Das passiert oft in einem Zustand des In-sich-gekehrt-Seins, dann, wenn man sich die Zeit nimmt und die Zeit hat, etwas für sich zu tun. Nicht müssen, sondern wollen. Nicht unter Druck, sondern im entspannten Zustand entsteht Kreativität, entstehen die besten Ideen und Lösungsansätze.
Aufmerksamkeit ist hier ein wichtiges Stichwort: Man sollte sich die Zeit nehmen, zu beobachten, zu reflektieren und sich selbst in den Mittelpunkt seines Handelns zu rücken. Damit das gelingt, muss das Privatleben funktionieren. Erst wer mit sich und seinem Umfeld im

Reinen ist, der kann auch geschäftlich erfolgreich sein – so eine weitere These.
Fazit: Calvin Hollywood plädiert dazu, sich auszuprobieren und auch mal neue, unkonventionelle Wege zu gehen, um das eigene Ziel zu erreichen. Das Ziel, auf dessen Erreichung alle Handlungen ausgerichtet sind, das Ziel, das man nie aus dem Blick verlieren sollte.

## Mike Hager - mit der F.A.B.E.L.® -Strategie zum Erfolg

In Bayern hat er einen Bekanntheitsgrad von deutlich mehr als 90 Prozent und auch über die Grenzen des Freistaats hinaus haben die meisten Menschen schon einmal von ihm gehört: Mike Hager. Der Radiomoderator, Autor, Sprecher und Comedian ist vielen deutlich besser bekannt als „Studiotechniker Nullinger" beim Radiosender Antenne Bayern. Obwohl er selbst dem Zufall keine große Bedeutung beimisst, ist die Kunstfigur eben genau diesem Zufall entsprungen: Bei einem kleinen Studentenradiosender in München fiel Mike Hager die Rolle des Improvisators zu, als die Technik versagte. Es war die Geburtsstunde des Studiotechniker Nullingers – und es war zugleich der Beginn einer beispiellosen Karriere.

Wie es dem gebürtigen Passauer gelungen ist, einen derart großen Bekanntheitsstatus zu erreichen, das hat er in fünf Leitsätze gepackt, die er selbst „Ein fabelhaftes Leben mit der Fabelstrategie" nennt – angelehnt an die fünf Anfangsbuchstaben der jeweiligen Sätze:

1. "Failing to plan is planning to fail"

Das bedeutet so viel wie: Wer es nicht schafft zu planen, der plant es auch nicht zu schaffen. Dies beziehe sich auf die Bereiche, in

denen eine harte Planung erforderlich sei, um die Z
erreichen. Beispielsweise wenn es um Geld, den Beruf c
Gewichtsreduktion gehe.

2. „Average of Five“

Also der Durchschnitt der Fünf. Damit meint Mike Hager, dass man immer zu dem Durchschnitt der fünf Menschen wird, mit denen man in seinem Leben am meisten zu tun hat. Sind die Menschen um einen herum alle sportlich, ist die Wahrscheinlichkeit sehr groß, dass man auch selbst sportlich ist. Trinken die Menschen um einen herum regelmäßig Bier, trinkt man in der Folge selbst voraussichtlich oft Bier. Deswegen sei es wichtig, sich gut zu überlegen, mit wem man sich umgebe und ob einem diese Menschen wirklich gut tun.

3. „Believe in Yourself“

Egal ob Du glaubst Du schaffst es oder ob Du glaubst Du schaffst es nicht, Du wirst immer Recht behalten. Nur wer daran glaubt, dass er etwas schaffen kann, wird es auch schaffen und seine Ziele erreichen. Diejenigen, die nicht an sich und ihre Fähigkeiten glauben und kein Vertrauen in sich selbst haben, die werden am Ende ihre Ziele auch nicht erreichen.

4. „Es wird mit Dir gemacht, was Du mit Dir machen lässt – und was Du mit Dir machen lässt, entscheidest alleine Du!“

Sobald man für sich selbst immer die „Schuld“ an allem und damit auch die volle Verantwortung übernimmt hat man auch die Möglichkeit, alles in seinem Leben zum Positiven zu ändern.

5. “Life happens for you, not to you.”

Diese Aussage, die so viel bedeutet wie „Das Leben passiert für Dich, nicht es passiert Dir“, ist für Mike Hager die wichtigste – und sie lehnt sich eng an etwas an, das seine Mutter ihm mit auf den Weg gegeben hat: „Kein Nachteil ohne Vorteil.“ Deswegen sei es wichtig, dass man sich bei allem, was man zum Zeitpunkt des schehens als unfassbar negativ und ungerecht empfinde, auf die Suche nach dem Positiven mache. Das habe den großen Vorteil, dass man gleichzeitig und unbewusst damit beginne, den Fokus zu ändern, indem man eben nicht mehr das Negative, sondern das (vielleicht auch nur potenziell) Positive sieht. Es könne durchaus sein, dass die positiven Effekte, wie beispielsweise bei einer Kündigung, erst Wochen oder Monate später eintreten würden, aber sie träten ein. Irgendwann. Und das dürfe man nie vergessen.

Es gebe immer Phasen im Leben, in denen der eine Satz heller leuchte als der andere. Je nachdem, in welcher Situation man sich gerade befinde. Mike Hager hat diese fünf Weisheiten aus einer großen Auswahl, die er in den vergangenen 20 Jahre seiner Karriere immer wieder notiert hat, als die wichtigsten herauskristallisiert. Sie seien es auch gewesen, die ihn zu dem Menschen und der Persönlichkeit gemacht hätten, die er heute ist. Hinzu kommt noch die Tatsache, dass er die sozialen Medien früh als Mittel zum Zweck für sich entdeckt hat. Bereits 2008, als Facebook in Deutschland gerade an den Start ging, legte er eine Fanseite für seine Figur des Studiotechnikers Nullinger an. Diese hat heute knapp 200.000 Follower, wodurch Mike Hager, nur auf diesem Kanal, eine enorme Reichweite generiert.
Diese Reichweite nutzt er, um Werbung für sich, seine Figur, aber auch für sein aktuelles Bühnenprogramm zu machen. Mittlerweile hat er zudem eine weitere Nische für sich entdeckt: Er dichtet bayerische Texte für bekannte Melodien und stellt diese online. „Das geht ganz schnell viral – und zwar weit über die Grenzen Bayerns hinaus.“ Die Vielseitigkeit, das Entdecken von Möglichkeiten, das Erkennen von Lücken, sein Talent für Wortspielerei, gepaart mit seiner enormen Assoziationsfähigkeit, das alles hat der Passauer für sich genutzt. „Ich sehe etwas und beginne direkt zu assoziieren.“ Was kann man mit dem Gegenstand, dem Produkt machen, wie kann man es monetarisieren? Mittlerweile berät er auch viele andere darin, Chancen zu erkennen und zu ergreifen und zu einer Marke zu

werden. Seine Frau sagt dazu: „Du berätst jeden. Auch die, die nicht beraten werden wollen."

Er nutzt seine Bekanntheit aber auch, um auf andere Aspekte aufmerksam zu machen. So ist seine Figur eng mit der Leberkässemmel verbunden. Hier hat er zusammen mit einer Gewürzfirma eine Gewürzfirma eine Gewürzmischung entwickelt, die in den Original-Nullinger-Leberkäs kommt. Dieser wird in kleinen Metzgereien verkauft. Das ist nicht nur ein gutes Beispiel dafür, wie Mike Hager Dinge monetarisiert, sondern auch, dass er die kleinen lokalen Betriebe stärken möchte. „Die Menschen sollen ihr Fleisch beim kleinen Metzger nebenan und nicht auf der großen Wiese im Discounter kaufen."

Fazit: Es braucht vor allem kreative Ideen und den Glauben an sich selbst, um Dinge monetarisieren zu können. Und dabei hat jeder Einzelne immer direkten Einfluss auf das, was passiert. Zudem ist es wichtig, auch im Fall einer Niederlage die positiven Dinge zu finden. Das hilft dauerhaft dabei, den Fokus komplett neu auszurichten.

## Michael von Kunhardt - wo der Sport ein Vorbild für Unternehmen sein kann

Der mehrfache deutsche Meister im Hockey bringt die Bereiche Sport und Business zusammen – schließlich können beide voneinander lernen und profitieren. Dazu gehört es beispielsweise, und das trifft auf Unternehmer und Sportler in gleichem Maße zu, eine Siegermentalität zu entwickeln und diese im entscheidenden Moment abzurufen. Um diesen Punkt zu erreichen, ist es erst einmal wichtig, den Selbstwert zu stärken. Das erfolgt laut von Kunhardt in vier Schritten: Zunächst muss man sich seiner Selbst bewusst werden, also seine Fähigkeiten und Stärken, aber auch seine Schwachstellen analysieren. Im nächsten Schritt geht es um

das Selbstverständnis, also das Realisieren dessen, was man kann, oder, positiver ausgedrückt, das Sich-vor-Augen-führen: Ich weiß, dass ich das kann. Im Anschluss daran rückt das Selbstvertrauen in den Fokus: man erkennt an, dass man auf sich und seine Fähigkeiten vertrauen kann. Als letzter Schritt erfolgt dann der Selbstwert, also das Wissen darum, dass man sich selbst etwas wert ist. „Wo kein Selbstwert besteht, da gibt es einen Minderwert und das ist die häufigste Ursache für destruktive Kommunikation", sagt der Experte. Und das wiederum wirke sich, sowohl im Sport als auch im Business auf das gesamte Team aus. Um das zu vermeiden muss eine mentale Umprogrammierung stattfinden: weg von Minderwert, hin zu Selbstwert. Das diene nicht nur dem Team, sondern vor allem auch dem Einzelnen. Wer vertrauen in sich und seine Fähigkeiten hat und sich diese auch immer wieder bewusst vor Augen führt, der überwindet auch seine Angst vor öffentlichem Reden, vor zu großen Selbstzweifeln, vor Niederlagen.
Und genau das ist ein weiterer, wichtiger Punkt, den von Kunhardt ebenfalls vom Bereich des Sports auf die Berufswelt überträgt: der Umgang mit Niederlagen. Die gehören für ihn immer dazu. Man müsse jederzeit auch bereit sein zu scheitern und sich selbst gegenüber im Hinblick auf Misserfolge toleranter werden. Er nennt das Misserfolgstoleranz – und zitiert hier den serbischen Tennisspieler und mehrfachen Grand-Slam-Titelträger Novak Djokovic: „Wenn du scheiterst, musst du die Dinge hinter dir lassen. Und du musst nach vorne schauen. Und dazwischen musst du dich so schnell wie möglich erholen." Genau das gibt der Sport- und Businessexperte auch seinen Kunden mit auf den Weg. Es sei wichtig, die eigenen Fehler zu akzeptieren und nicht in die Opferrolle zu fallen. Stattdessen gehe es darum, sich schnell wieder aufzurichten, das Jammern zu beenden und Lösungen zu suchen, indem man sich die Frage stellt: „Was ist das Beste, was ich in dieser Situation tun kann?" Eine Fähigkeit, die vor allem vielen guten Sportler zu eigen ist und die etwas mit mentaler Stärke zu tun hat. Um diese mentale Stärke zu erlangen, kann man sich laut von Kunhardt auch Hilfe von außen holen. Und irgendwann erreiche

man den Punkt, an dem man die bereits angesprochene Siegermentalität entwickelt hat. Die sorge auch dafür, dass man sich in den entscheidenden Momenten in die richtige Spannung versetzen und sich voll und ganz auf die anstehende Aufgabe oder Herausforderung fokussieren könne. Dabei sei es kein Nachteil, sondern ein Vorteil, wenn sich ein gesundes Maß an Nervosität bemerkbar mache. Die führe dazu, dass man aufmerksamer und wacher und damit auch besser ist.
Auch im Hinblick auf Ziele und Visionen sieht der Experte viele mögliche Parallelen zwischen Sport und Business. Möglich deswegen, weil sie gerade in Unternehmen, aber auch beim Einzelnen noch viel zu selten Anwendung finden. Ein Sportler hat immer ein klares Ziel vor Augen. Eine Weltmeisterschaft oder Olympische Spiele im Großen, Kreismeisterschaften oder das nächste Derby im Kleinen. Klar definierte Ziele machen den Weg zur Erreichung deutlich einfacher. Das habe der Sport dem Business ganz oft voraus. Noch deutlicher mache sich das bei Visionen bemerkbar. Visionen seien noch einmal eine Steigerung gegenüber Zielen, da sie den Visionär auf ein neues, höheres Niveau heben könne. Visionen sind laut von Kunhardt ein Stück weit verrückt, sie können aber dabei helfen, Ziele zu erreichen, die man ohne Visionen nie angestrebt hätte.
Fazit: Michael von Kunhardt ist überzeugt davon, dass sich Unternehmen ganz viel von Sportlern abschauen können. Dazu gehört beispielsweise die Siegermentalität, die man allerdings erst dann in vollem Umfang entwickeln kann, wenn man Vertrauen in sich und seine Fähigkeiten hat.

# Stephan Gingter - Mut zu neuen Wegen

Regularien reduzieren, die Eigenverantwortung jedes Einzelnen stärken – dafür steht Stephan Gingter. Der Berater hilft Menschen vor allem dabei, bessere Führungskräfte zu werden. Sein Tenor: Unternehmenserfolg mit „alten“ Rezepten gewährleisten zu wollen, funktioniert in der heutigen Zeit nicht mehr. Unter diesen alten Rezepten versteht er einen Führungsstil, der auf einer Beschneidung der Freiheiten des einzelnen Mitarbeiters beruht, beispielsweise durch ein strenges Regelwerk und einen zu eng gesteckten Gestaltungsspielraum. „Diese Regularien führen dazu, dass Angestellte immer weniger Verantwortung übernehmen und das wiederum wirkt sich negativ auf das Unternehmen aus“, sagt der Experte. Jeder Einzelne tue nur noch das, was er tun soll. Das beschneide Kreativität, selbstständiges Denken und Handeln. Dabei kommen seiner Meinung nach Mitarbeiter dann gerne zur Arbeit, wenn sie eigenverantwortlich agieren können, wenn sie am Abend sehen, was ihr ganz persönliches Tagwerk ist. Deswegen sei es wichtig und unerlässlich, die Eigenverantwortung jedes Einzelnen zu stärken und den Menschen Lust zu machen, wieder selbst zu denken. In vielen schlummerten gute Ideen, die allerdings deswegen nicht kommuniziert würden, weil keiner danach frage.

Hauptgrund für die Anwendung eines strengen Regelwerks ist laut Gingter Angst. Führungskräfte hätten Angst davor, ihren Status einzubüßen, wenn sie ihren Mitarbeitern mehr Freiheiten einräumten. Das habe den Hintergrund, dass sich Führungskräfte ihrer Aufgabe, dem Führen, beraubt fühlten und sich fragten, welche Funktion ihnen in so einem Fall zufalle. Das ist laut Experte ein falscher Ansatz und eine falsche Denkweise. Für ihn sind Führungskräfte vor allem Unterstützer und Sparringspartner, die den Angestellten dabei helfen sollen, ihre Eigenverantwortung ernst zu nehmen. „Sie sind dadurch noch stärker gefragt, aber eben in anderen Rollen.“

Gingter ist bewusst, dass es Mut braucht, um „alte“ Strukturen zu durchbrechen und Verantwortung abzugeben. Er weiß aber auch, dass sich dieser Mut mittelfristig in jedem Unternehmen positiv auswirkt. Mittelfristig deswegen, weil es ein wenig Zeit brauche, bis sich alle an die neue Rollenverteilung gewöhnt hätten. Unternehmen müssten sich komplett neu erfinden, die

Führungsebenen verändern, bis zu dem Punkt, an dem sich einzelne Teams selbst tragen. Das sei nicht nur für die Chefs, sondern auch für die Angestellten eine Umstellung. Schließlich geben viele laut Gingter die Verantwortung gerne an der sogenannten Garderobe des Lebens ab. Getreu dem Motto: Es ist leichter, einer Regel die Schuld zu geben, als sich selbst, wenn etwas nicht reibungslos funktioniert. Die einen brauchten länger, die anderen weniger lang, um sich auf die neuen Bedingungen einzustellen. Anpassungsgeschwindigkeit nennt der Berater das. Das Feuer sei aber erst einmal in jedem vorhanden und müsse nur wieder angezündet werden. Und an dieser Stelle sei es beispielsweise eine Aufgabe der Führungskräfte, dem Mitarbeiter zu helfen, die eigenen Stärken wieder zu erkennen, ihn zu motivieren und ihm die Leitplanken zu setzen. Auch wenn das im ersten Moment als Widerspruch erscheint, ist es für den Experten doch unerlässlich, auf dem Weg in die Eigenverantwortung gewisse Stützen zu bieten: Wo soll es hingehen? Was ist noch gewiss und stabil? „Menschen suchen immer nach Orientierung“, so Gingter. Das trifft auf Führungskräfte und auf Angestellte gleichermaßen zu. Der Experte ist derjenige, der sich um die Führungskräfte „kümmert“. Indem er ihnen Wege aufzeigt, Kompetenzen abzugeben und ihnen auch deutlich macht, wie wichtig es ist, sich Zeit für sich und seine Bedürfnisse zu nehmen. „Viele verlieren sich in ihrem Handeln und in ihren Managementverantwortungen.“ Sie führen seiner Ansicht nach nur noch, ohne das große Ganze im Blick zu haben und das Unternehmen operativ nach vorne zu bringen.

Hinzu komme, dass viele Führungskräfte einen zu großen Fokus auf das sogenannte Vorratswissen legten. Also das Wissen, das in der Schule das Modell der Wahl war und in vielen Fällen noch ist. Das dürfe in Unternehmen allerdings keine Rolle mehr spielen. Schließlich sei dieses Wissen im digitalen Zeitalter überall verfügbar und könne jederzeit online abgerufen werden. Es gehe viel weniger darum, Wissen anzuhäufen, sondern um die Fähigkeit, dieses Wissen auch anzuwenden. Und auch hier seien Unternehmer mehr denn je gefragt: indem sie ihre Angestellten dazu ermuntern, ihr Wissen anzuwenden und einzubringen.

Fazit: Unternehmen, in denen die Mitarbeitenden durch starke Regularien geführt werden und Führungskräfte ihnen auf diese Weise die Eigenverantwortung abnehmen, schränken gleichzeitig die Kreativität **ein** und sorgen dafür, dass jeder Einzelne nur noch Dienst nach Vorschrift mache. Zukunftsfähig sind laut Stephan Gingter die Unternehmen, die sich so aufstellen, dass die Mitarbeiter zu eigenverantwortlichem Handeln motiviert werden.

# Kirsten Altvater - Wie gehe ich mit Angst um

Als Zahnärztin wird Kirsten Altvater tagtäglich mit der Angst ihrer Patienten konfrontiert. Angst vor dem Ausgeliefertsein, Angst vor dem Unvorhersehbaren. Das stellt sie jedes Mal aufs Neue vor die Herausforderung, den Mittelweg zwischen Empathie und Abgestumpftheit zu finden – einerseits darf sie diese Angst nicht zu nah an sich heranlassen, andererseits ist es wichtig, den Patienten abzuholen und ihm die Angst vor dem Zahnarztstuhl ein Stückweit zu nehmen. Kirsten Altvater geht hier ganz oft den humorvollen Weg. Mit einer flapsigen Bemerkung oder einem Witz eröffnet sie ihrem Gegenüber neue Denkmuster und führt in so ein wenig weg von seiner Angst. „Nur mit Verständnis erreicht man oft nicht allzu viel. Ich habe die Erfahrung gemacht, dass die Patienten entspannter und cooler werden, wenn ich sie zum Lachen bringe. Im Kopf findet dann so etwas wie ein Paradigmenwechsel statt."

Kirsten Altvater weiß das deswegen so genau, weil sie über den Umgang mit ihren Patienten zu einer Expertin auf diesem Gebiet geworden ist. „Was macht Angst mit der einen, was mit der anderen Seite?", das waren die wichtigsten Fragen, die sich die Zahnärztin gestellt hat. Sie hat sich, auch auf wissenschaftlicher und neurologischer Ebene, sehr intensiv mit dem Thema auseinandergesetzt und berät mittlerweile sogar Unternehmen und hat eine eigene Bühnenshow entwickelt.

Eine ihrer wichtigsten Erkenntnisse: „Angst ist der Motor für alles.“ Diese Angst kann man laut Expertin in drei Phasen unterteilen: Angriff, Flucht, ohnmächtige Erstarrung. Diese Phasen würden aber nicht zwangsläufig immer durchlaufen. Oft sei es sogar der Fall, dass man die ersten beiden überspringe und direkt in einem Status der Erstarrung „lande“. Das ist laut Kirsten Altvater ein angeborener Urinstinkt. „Wir benehmen uns praktisch wie Steinzeitmenschen.“

Und Angst sei mittlerweile auch eine große Sache, um damit Geld zu verdienen. Sprich: Die Angst der Menschen als Produktmacher. Das sei beispielsweise in der Versicherungsbranche der Fall, in der die Produkte speziell auf die menschlichen Ängste abzielten.

Angst berge aber nicht nur ein ökonomisches, sondern auch ein enormes Energiepotenzial. Im Zustand der Angst werde immer eine Menge Energie freigesetzt. Und diese Energie müsse man nutzen, um positive Veränderungen zu bewirken. In vielen Fällen ist der Ablauf laut Kirsten Altvater folgender: Man gerät in gewissen Situationen in einen Zustand der Angst, weil im Kopf aufgrund von in der Vergangenheit gesammelten Erfahrungen ein Film abläuft. Beispiel Zahnarztbesuch. Den assoziiert man mit Schmerzen und mit unvorhergesehenen Dingen. Um diesen Zustand der Angst zu verlassen, ist der Verstand aus Sicht der Expertin ein schlechter Ratgeber. Denn der Verstand bediene sich der bereits vorhandenen Erfahrungen und schüre die Angst schlimmstenfalls sogar. Viel besser sei es, sich der Intuition zu bedienen, um die eigene Fokussierung anders auszurichten. Eben nicht auf die Negativ-Beispiele der Vergangenheit.

Kirsten Altvater weiß, dass es vielen schwerfällt, den sprichwörtlichen Schalter im Kopf umzulegen, gerade in Situationen, in denen man Angst hat. Sie rät deswegen dazu, eine Minute ganz bewusst zu atmen und sich auf dieses Atmen zu konzentrieren. „Wer das macht, der hat keine Zeit nachzudenken. Dadurch trennt man die beiden Gehirnhälften ganz bewusst voneinander und hat die Möglichkeit, sich neu zu orientieren.“ Dieses Wissen könne einem dabei helfen, sich das Leben mit Hilfe der Gedanken neu zu gestalten.

Selbstreflexion könne man in Momenten der aufkommenden Angst als Hilfsmittel nehmen, um festzustellen, ob diese Angst tatsächlich ein Produkt der eigenen Hirnaktivität sei, oder eben auch vom energetischen Level der Personen mit eben diesem Problem abhänge. Tatsächlich gebe es Ängste, die wir gar nicht haben könnten, da wir diese Situation vorher noch nie erlebt hätten und trotzdem mit Angst reagierten. Man stelle sich ein elfjähriges Kind vor, dem zum ersten Mal ein Milchzahn gezogen wird. Dieses fängt, obwohl es nicht weiß, was auf es zukommt, direkt an zu weinen und ängstlich zu reagieren.
Das hängt laut Expertin damit zusammen, dass Kinder sofort auf Energien reagieren. Hirnströme sind messbare Energien, sprich die Gedanken sind Energien, die eine Situation hervorrufen.
Oft seien es Eltern, Freunde, andere Patienten, die den betroffenen Menschen zur Projektionsfläche ihrer eigenen Gedanken machten. Als Behandelnder helfe hier oft, sich einfache Fragen zu stellen: Ist das jetzt Deine/Ihre Angst. Wem gehört das? Sind sie bereit, das an den Absender zurückzusenden? Das ist Kirsten Altvaters Art, mit Patienten/Kunden umzugehen, die ängstlich reagierten. Man eröffne dem Betroffenen damit eine Wahl in einer sonst aussichtslosen Situation, in der er/sie sich bisher als Opfer empfunden habe.
Denn Angst sei, genau wie jede andere Emotion, eine Wahlmöglichkeit und kein fester Bestandteil einer menschlichen Persönlichkeit. Emotionen seien immer eine Wahl.

Auch in Unternehmen sei das Thema Angst sehr präsent. Hier gibt Kirsten Altvater Tipps, wie man als Führungskraft ein angstfreies

Umfeld für die Mitarbeiter schafft, ohne dabei an Autorität einzubüßen. Natürlich gebe es in jedem Unternehmen Hierarchien, aber die müssten keinesfalls gleichgesetzt werden mit einem Umfeld der Angst. Man könne Autorität ausstrahlen und dennoch einen Umgang mit seinen Mitarbeitern wählen, der keine Angst schüre. So sei es beispielsweise ein erster Schritt, als Chef auf einen ängstlichen Angestellten zuzugehen, sich die Zeit zu nehmen und das Gespräch zu suchen. Auch hier gebe es die Möglichkeit, dem Mitarbeiter eine Frage zu stellen. Zum Beispiel: "Ist das wirklich Ihre Vorstellung von Angst vor...?" Die Expertin empfiehlt den Vorgesetzten, ihren Mitarbeitern einen Möglichkeitsraum zu eröffnen und auch nicht sofort eine Antwort zu erwarten. Mit einer Frage eröffne man die Chance, den Mitarbeiter aus seinem Gedankenkarussell zu befreien, den vorgefertigten Weg zu verlassen und neue Wege herauszufinden. Es sei sehr effektiv, den Mitarbeiter freundlich lächelnd zu entlassen mit der Frage: Und was ist da sonst noch möglich? Anschließend könne der Chef sich erst einmal zurückziehen und abwarten. Er habe dadurch einen Prozess hin zu mehr Kreativität eingeleitet und den Verstand außer Kraft gesetzt, weil er signalisiert habe, dass das Gegenüber mit der Intuition arbeiten dürfe.

Fazit: Angst ist ein ständiger Begleiter im Leben der meisten Menschen. Um mit dieser Angst umzugehen, ist es wichtig, sich ihrer bewusst zu werden und Verhaltensmuster zu durchbrechen. Das funktioniert beispielsweise dadurch, dass man in einer Situation, die einem Angst bereitet, eine Minute lang ganz bewusst atmet und sich bewusst Fragen zu stellen. Auch in Unternehmen spielt Angst eine Rolle. Hier ist es wichtig, dass Chefs sich bewusst werden, dass sie nicht an Autorität einbüßen, wenn sie ein angstfreies Umfeld schaffen. Dies hat sogar den positiven Nebeneffekt, dass Mitarbeiter ohne Angst, ihre Energie ins Weiterkommen des Unternehmens stecken können.

# Katja Voigt – Der richtige Umgang mit Lampenfieber

Das Gefühl kennt vermutlich jeder: Man steht auf der Bühne, die Handinnenflächen sind feucht, der Schweiß steht auf der Stirn, der Puls rast. Lampenfieber. Genau auf dieses Thema hat sich die TV-Moderatorin und Speakerin Katja Voigt spezialisiert. „Ich habe bei Kongressen kompetente Experten gesehen, die ihren Kunden im Publikum viel zu sagen gehabt hätten – wenn sie keinen Blackout gehabt hätten. Ich habe Redner gehört, die in einer Viertelstunde 42 vollgetextete Powerpointfolien durchgehechelt haben und sich wunderten, warum ihr Publikum aufs Handy schaute statt zuzuhören. Und ich habe Menschen aus wachkomaähnlichen Zuständen zurückmoderiert, weil sie so gelangweilt waren von dem, was ihnen auf der Bühne präsentiert wurde.“ Das sagt sie über die Beweggründe, die dazu geführt haben, dass sie sich selbst intensiv mit dem Thema auseinandergesetzt hat. „Kein Redner hat verdient, dass er sich vor lauter Aufregung vor Kunden, Kollegen oder Vorgesetzten blamiert.“

Viele seien seither auf sie zugekommen und hätten sie gefragt, wo genau der Schalter sei, den man umlegen müsse, um das Lampenfieber abzustellen. Hier muss die Expertin ihre Kunden erst einmal enttäuschen. Zumindest ein wenig. Denn Lampenfieber sei etwas ganz Natürliches und sogar Geniales, das in jedem einzelnen Menschen angelegt sei und dafür sorge, dass man in der jeweiligen Situation wach und präsent sei. Dies sei auf die Evolution zurückzuführen: Die Vorfahren mussten zwar keine Präsentationen oder Vorträge halten, sie seien aber nur in ihrer Gruppe sicher gewesen. Sobald sie diese vertraute Umgebung verlassen hätten, zum Beispiel, um zur Jagd zu gehen, hätten sie sich in Lebensgefahr begeben.

Und wenn sie dann auf einen Säbelzahntiger oder auf eine andere Gruppe gestoßen seien, habe der Körper Adrenalin ausgestoßen, um gewisse Reaktionen auszulösen, die zum Kampf, zur Flucht oder zum Totstellen befähigten. „Heute treffen wir eher nicht mehr auf einen Säbelzahntiger, dafür aber auf Publikum. Was gleich bleibt, ist das unangenehme Gefühl", weiß die Expertin. Und die Ausschüttung von Adrenalin und Kortisol sorgten heute nicht dafür, dass man schnellstmöglich flüchten könne, sondern dafür, dass man einen wirklich guten Vortrag oder eine wirklich gute Präsentation halten könne. „Dem Körper wird damit signalisiert: Heute geht es um was, heute müssen wir etwas Gutes abliefern."

Kurzum: Es ist nicht möglich, das Lampenfieber komplett abzustellen. Es gibt aber durchaus Wege, um es besser in den Griff zu bekommen und auf der Bühne dennoch souverän zu bleiben. Die Expertin hat hierfür einige Tipps parat, die sie selbst in ihrer mehr als 20-jährigen Bühnenaktivität erfolgreich anwendet.

So sei es beispielsweise wichtig, sich maximal gut vorzubereiten. Das bedeute, dass man das Thema, zu dem man referiert, bis ins Detail durchdrungen habe, dass man genau wisse, wovon man spreche und kompetent in seinem Gebiet sei. Das führe dazu, dass man sich sicher fühle und dass man wisse, dass man sich auf die eigenen Fähigkeiten verlassen könne. Zudem sei es unerlässlich, die eigene Präsentation zu üben und hierbei eine reelle Situation nachzustellen. „Es bringt also nichts, den Vortrag, vor dem Computer sitzend, gedanklich im Kopf durchzugehen." Man müsse laut sprechen, um zum einen Sicherheit zu gewinnen und um zum anderen die Stellen zu identifizieren, an denen es noch hapere. Gibt es Namen, über die man stolpert? Gibt es Passagen, die man selbst nicht richtig versteht? „Wenn es irgendwo nicht passt, hat man immer noch die Möglichkeit, so lange zu feilen, bis es passt und bis man selbst souverän ist", weiß Katja Voigt.

Ein weiterer wichtiger Tipp ist der, sich im Vorfeld an den Vortrag mit den Räumlichkeiten vertraut zu machen – und da spiele es keine Rolle, ob es sich um einen kleinen Meetingraum oder um einen großen Saal mit Bühne handele. Man müsse die Bühne spüren, den Aufgang üben, ein Gefühl dafür entwickeln, wie es sich anfühle, dort zu stehen. Fühle ich mich wohl? Gibt es etwas, das mich stört? Wie ist das Licht? Knarzt die Bühne beim Gehen? „Die Bühne muss zum Wohnzimmer werden und dazu muss man die Voraussetzungen schaffen."

In diesem Zusammenhang müsse auch die Technik gecheckt und ausprobiert werden, ob alles funktioniere: die Präsentation, der Laptop, die Folien, das Mikrofon. Gerade im Hinblick auf das Mikrofon sei es wichtig, ein Gefühl für die Lautstärke zu entwickeln. Das betreffe besonders die, die im Umgang damit noch keinerlei oder wenig Erfahrung hätten. „Viele sind überrascht, wie laut es ist. Das sollte man im Vorfeld deswegen auf jeden Fall austesten", sagt Katja Voigt.

Neben den harten spielen auch die weichen Faktoren, die sogenannten soft facts, eine wichtige Rolle, wenn es darum geht, das Lampenfieber besser in den Griff zu bekommen. Hier rät die Expertin zu positiven Affirmationen, also zum Glauben an sich selbst und daran, dass man es gut machen wird. Wer sich im Vorfeld mit negativen Gedanken auseinandersetze und sich einrede, dass er ohnehin ein schlechter Redner ist und dass es sicherlich schief gehen wird, der könne eigentlich nur scheitern. „Die eigenen Gedanken formen die eigenen Taten", weiß Katja Voigt. Deswegen sei schlechte Energie das, was man im Vorfeld einer Rede überhaupt nicht brauchen könne.

Die Expertin verweist hier auf zahlreiche Spitzensportler, die sich vor einem großen und wichtigen Wettkampf oft Bilder oder Videos von großen Erfolgen ansehen, um die Angst in Freude umzuwandeln. Das rät sie auch denjenigen, die einen Vortrag halten müssen: sich darauf zu freuen und sich mit positiven Erlebnissen zu konfrontieren. Welches waren die Situationen, in denen man – privat oder beruflich – schon Großartiges geleistet hat? Diese Erinnerungen zurückzuholen gebe Rückenwind und Sicherheit. Außerdem müsse man sich immer wieder vor Augen führen, dass man derjenige sei, der etwas zu sagen habe und man sei nicht grundlos eingeladen oder beauftragt worden, diese Rede zu halten. Man wisse etwas, was die anderen noch nicht wüssten und könne dem Publikum dieses Wissen vermitteln. Auch Gedanken an die Belohnung nach einem erfolgreich gehaltenen Vortrag seien durchaus hilfreich. „Man sollte sich die Frage stellen, womit man sich belohnen wird, wenn die Rede gehalten wird."

Ein weiterer Punkt ist die Wahl der richtigen Kleidung. Gerade Frauen neigten hier dazu, sich besonders schön anziehen und eher die High Heels wählen zu wollen. Das sei nicht unbedingt die beste Idee. Viel wichtiger sei es, die Kleidung anzuziehen, in der man sich wohl fühle, mit der man vertraut sei.

Zudem rät Katja Voigt, in den Stunden vor dem Vortrag ausreichend Flüssigkeit, bevorzugt stilles Wasser, zu sich zu nehmen. „Das Gehirn möchte gerne schwimmen. Und damit es gut arbeiten kann, lassen wir es doch einfach schwimmen." Zudem habe die Flüssigkeitszufuhr den Vorteil, dass man die Stimmbänder befeuchte.

Zu guter Letzt helfe Bewegung gegen die aufkeimende Nervosität. Eine Runde Joggen, ein Spaziergang mit dem Hund oder – falls die Zeit dafür zu knapp sei – progressive Muskelentspannung, notfalls kurz vor dem Auftritt auf der Toilette. „Einmal alle Muskeln anzuspannen und dann wieder loszulassen, das kann schon sehr helfen."

Bei all den Strategien sei es immer wichtig, das Lampenfieber zu akzeptieren und sogar als großartige Sache anzusehen. Denn es helfe dabei, voller Energie und fokussiert zu sein. „Freut euch einfach darauf, im Mittelpunkt zu stehen. Und vergesst nicht: Es geht vorbei. Das Lampenfieber und der Vortrag. Darauf ist garantiert Verlass."

Fazit: Lampenfieber lässt sich nicht abstellen. Es ist eine natürliche Reaktion des Körpers. Es gibt allerdings Mittel und Wege, zu lernen, damit umzugehen. So ist es beispielsweise wichtig, sich optimal auf den Vortrag vorzubereiten und diesen im Vorfeld auch intensiv und laut zu üben. Zudem spielen soft facts wie die Wahl von Wohlfühlkleidung und positive Gedanken sowie die Erinnerung an positive Erlebnisse eine wichtige Rolle.

# Schwerpunkt Positionierung

Um erfolgreich sein zu können, musst Du immer an Dich selbst glauben. Daran, dass Du gut, ja sogar besser als die meisten anderen, bist. Diese Erkenntnis allein ist allerdings noch nicht ausreichend, um auch als Experte auf Deinem Gebiet wahrgenommen zu werden. Deswegen soll es in diesem Kapitel darum gehen, wie Du Dich und Deine Fähigkeiten so am Markt positionieren kannst, dass Du Dich von der Masse abhebst, dass Du aufgrund Deines Expertenstatus gebucht wirst. Es geht aber auch um Dinge wie Geduld und Durchhaltevermögen. Davon, wie steinig der Weg nach ganz oben sein kann und vielleicht auch sein sollte, erzählt Tobias Beck, einer der mittlerweile erfolgreichsten Speaker am deutschen Markt. Dass Positionierung und Sichtbarkeit aber auch etwas mit Emotionen zu tun haben, darum geht es im zweiten Teil dieses Kapitels. Nadine Dlouhy hat es sich zur Aufgabe gemacht, Unternehmen und Unternehmer ins rechte Licht zu rücken - und sie lässt Dich an ihren Geheimnissen teilhaben. Komplettiert wird das Kapitel von der Pricing-Expertin Kathrin Härle, dem Vertriebsprofi Dirk Kreuter und Internetprofi Christoph Schreiber.

.

# Tobi Beck - vom Metzgereifachverkäuferinnencoach auf Deutschlands große Bühnen

Er ist mittlerweile nicht mehr nur Speaker, sondern auch ein Entertainer, der mit seinem aktuellen Programm „Unbox your life“ Hallen mit bis zu 2000 Besuchern füllt. Doch auch für Tobi Beck war der Weg bis zu diesem Durchbruch lang und teilweise beschwerlich. Und das ist es dann auch, was er nicht nur angehenden Speakern, sondern jedem mit auf seinen eigenen Weg gibt: Sei beharrlich, sei fleißig und verliere deinen großen Traum nie aus den Augen. Es ist etwa 15 Jahre her, da verdiente sich Tobi Beck sein Geld damit, Metzgereifachverkäuferinnen auf einer Kegelbahn die Upsell-Technik zu vermitteln. Frei nach dem Motto: „Darf's noch etwas mehr sein.“ Ein Tipp, der ihm damals schon half, und den er bis heute verinnerlicht hat, hatte ihm einer seiner Coaches verraten: „Du weißt immer etwas, was die Gruppe, die du trainierst, nicht weiß.“ Auch wenn er während dieser Phase seines Lebens oft haderte, zweifelte und sich hinterfragte, möchte er sie im Nachgang nicht missen. „Dieses Den-Keller-ausheben war enorm wichtig für mich und meine Entwicklung. Es hilft mir noch heute dabei, mit den unterschiedlichsten Situationen souverän umzugehen“, sagt Beck. Die meisten sind seiner Meinung nach allerdings nicht mehr dazu bereit, diese Vorarbeit zu leisten und erwarten den schnellen und dennoch nachhaltigen Erfolg. Eine Einstellung, die Beck missfällt – und von der er dringend abrät.

Dennoch ist er der Meinung, dass es sich auf einem immer weiter ausdifferenzierenden und sich entwickelnden Markt lohnt, den Weg einzuschlagen und Speaker zu werden – mit einer fundierten Ausbildung, mit Beharrlichkeit und mit einem gewissen Wissensfundus oder -vorsprung. „Jeder weiß etwas, was andere nicht wissen.“ Es funktioniere allerdings, die Menschen nur zu bespaßen, es müsse inhaltlich fundiert sein. Der Markt, die

Nachfrage geben ihm recht: zu Becks Vorträgen strömen mittlerweile tausende von Menschen, viele Unternehmen suchen händeringend nach Vortragsrednern, viele Speaker sind über Monate ausgebucht – und Experten, unter ihnen auch Beck, gehen davon aus, dass der Bedarf an Coaches etc. in Zukunft noch deutlich ansteigen wird. „Aber, wie gesagt: Es geht nicht von heute auf morgen“, so Beck.

Für ihn ist der Weg zum Experten vergleichbar mit dem Weg eines Fußballvereins, der es schaffen möchte, von den unteren Spielklassen in die Bundesliga aufzusteigen: Der Weg nach oben ist mit ganz viel Arbeit und ganz vielen Entbehrungen verbunden und wenn das große Ziel einmal erreicht ist, dann ist es noch viel anstrengender, nicht wieder abzusteigen, also den Status quo aufrecht zu erhalten. „Um überhaupt dorthin zu kommen, muss man sich zu dem, was man tut, berufen fühlen. Sonst wird man das gesteckte Ziel nie erreichen.“ Sei es als Fußballer oder als Experte.
Durchhaltevermögen ist das eine, die richtige Technik das andere: Hier rät Beck dazu, sich auf ein Programm zu konzentrieren und dieses so lange zu verbessern, bis es perfekt ist. Dann werde man irgendwann automatisch herumgereicht. Und deswegen sei es auch wichtig, den sprichwörtlichen Fuß in eine der zahlreichen sich bietenden Türen zu bekommen. So könne beispielsweise ein Engagement bei einem Unternehmen dazu führen, dass auch weitere Unternehmen auf einen zukommen – sobald sich herumgesprochen hat, dass der Vortrag gut ankommt und für die Zuhörer inspirierend ist. „Der Chef der einen Bank geht abends mit dem Chef der anderen Bank essen. Die reden dann auch über so etwas. Und schon hat man sein nächstes Engagement“, so Beck.
Ein weiterer wichtiger Tipp: sei außergewöhnlich. Um aufzufallen, müsse man sich von der Masse abheben. Der Speaker und Entertainer macht das an einem Beispiel deutlich: Erst kürzlich hat er – parallel zu seinem Bühnenprogramm – sein aktuelles Buch, ebenfalls mit dem Titel „Unbox your life“, veröffentlicht. Auf einer Messe seien Mitarbeiter ausländischer Verlage auf die

Veröffentlichung aufmerksam geworden und erwarben die Rechte für eine Publikation. Nicht etwa, weil sie den Inhalt, den sie ohnehin nicht verstanden haben, so spannend fanden, sondern vielmehr, weil das mit Konfetti verzierte Cover ansprechend auf sie gewirkt hatte. Es hatte die Neugier der Verleger geweckt. Tobi Beck nennt das Vorgehen nicht intelligent, sondern clever. Diese Cleverness wendet er auch auf der Bühne an: mit mitreißenden Vorträgen, mit Konfetti, mit Mitnehmen. Statt den Zuhörern eine Aneinanderreihung von Folien zu präsentieren, bezieht er die Menschen aktiv mit ein, tritt in den Dialog mit ihnen. „Wirf anderen Menschen Konfetti entgegen, damit deren Leben nicht so dunkel, sondern bunter wird." Gerade im digitalen Zeitalter sehnten sich die Menschen nach analogen Momenten, nach dem Sammeln von realen Lebensmomenten – und das versucht Tobi Beck nicht nur den Zuhörern, sondern auch den Teilnehmern seiner Speakerausbildungen zu vermitteln. Bei seinen Ausbildungen zum Trainer / Speaker / Seminar Creator geht es genau darum: Maske runter, Mensch drauf und das mit einer ganzen Menge Spaß und dem Handwerkszeug des Superlearnings.
Ein weiterer wichtiger Faktor, den er ebenfalls vermittelt, und den er selbst auch erst vermittelt bekommen musste, ist folgender: Man sollte sich das, was man tut, entsprechend honorieren lassen. Die eigene Art zu denken darf hierbei nicht zu klein sein. Sowohl im Hinblick auf das Honorar als auch auf das Gesamtpaket. Mitarbeiter. Homepage. Podcast. Buch. Das alles gehört zu diesem Gesamtpaket. Das ist für ihn keinesfalls gleichzusetzen mit Arroganz und Überheblichkeit. Im Gegenteil. So sei es beispielsweise wichtig, Anfragen von Kunden direkt zu beantworten und diese nicht wochenlang liegen zu lassen, weil anderes vermeintlich wichtiger oder man selbst zu beschäftigt sei. Man dürfe sich nie der Illusion hingeben, dass man der Einzige sei, den der Kunde anschreibe. Deswegen sei es wichtig, unmittelbar zu reagieren und so mit dem potenziellen Kunden ins Gespräch zu kommen. Zudem propagiert er – und das schlägt in die gleiche Kerbe – sich selbst nie zu ernst zu nehmen, sich zurückzunehmen

und sich auch einmal den Blick auf andere zu genehmigen, um deren Art zu denken zu analysieren. Daraus könne man wichtige Schlüsse für sich und für das eigene Programm ziehen. Auch hier hat Beck ein Beispiel parat: Zu Beginn seiner Karriere als Speaker und Coach war er Flugbegleiter im First-Class-Bereich. „Dort waren Menschen, die es geschafft haben im Leben. Von diesen Menschen kann man immer etwas mitnehmen.“ Und nicht alle dieser erfolgreichen Menschen müssen sich zwangsläufig durch ein außergewöhnliches Talent ausgezeichnet haben. „Auch wenn Talent sicherlich wichtig ist, schlägt Fleiß Talent immer.“
Fazit: Um einen Expertenstatus zu erreichen, ist Beharrlichkeit gefragt: Das betrifft sowohl den Weg dorthin als auch die Mittel. Wichtig ist es dabei, auch die Phasen, in denen es weniger gut läuft, als lehrreich für das spätere Leben anzusehen und die richtigen Schlüsse daraus zu ziehen.

## Nadine Dlouhy - Welche Rolle spielt bei einer nachhaltigen Positionierung die Emotionen

Die mehrfache Europameisterin in Lateinamerikanischen Tänzen, Nadine Dlouhy, ist nicht nur im Sport, sondern auch im Business erfolgreich. Seit mehr als 20 Jahren hat sie es sich zur Aufgabe gemacht, Menschen, Unternehmer und Unternehmen sowie deren Produkte und Dienstleistungen ins richtige Licht zu rücken, sie mit kommunikativen Strategien sichtbar zu machen. Gerade im Zeitalter zunehmender Vergleichbarkeit – durch Digitalisierung, aber auch durch immer mehr Vielfalt am Markt – sei es wichtiger denn je, sich zu positionieren, sichtbar zu machen und ein Image aufzubauen.

Nadine Dlouhy legt dabei den Fokus auf die Kommunikation. Das sei deswegen eine ganz besondere Herausforderung, weil jeder Mensch täglich von morgens bis abends kommuniziere und dass diese Form des verbalen oder auch non-verbalen Austausch als selbstverständlich wahrgenommen werde. „Ich werde deswegen ganz häufig gefragt, wieso jemand in diesem Bereich noch geschult werden müsse, wo doch jeder die Kommunikation beherrsche“, sagt die Expertin.

Wichtig sei es gerade in der Unternehmenskommunikation, sich immer die Fragen zu stellen: Warum kommunizieren wir? Welches Ziel wollen wir damit erreichen? Wer soll es verstehen? Das betreffe sowohl die Kommunikation innerhalb eines Teams als auch die des Geschäftsführers. Jeder müsse sich jederzeit vor Augen führen, dass die Sprache die große Stärke und auch die Waffe eines Menschen sei – vorausgesetzt, man nutze sie richtig und wisse, was man damit erreichen wolle. „Man kann nicht nicht kommunizieren. Man kann gut oder schlecht kommunizieren“, weiß Nadine Dlouhy.

Das sei auch abhängig von der Zielgruppe, die man mit seiner Kommunikation erreichen wolle. Gerade die sogenannte Generation C, die im digitalen Zeitalter aufgewachsen ist und die der Analyst Brian Solis als „verbundenen Verbraucher“ definiert, erfordere eine spezielle Art der Kommunikation. Diese meist jungen Menschen sind laut Expertin multifunktional vernetzt und es sei nicht immer klar, ob die Nutzung der Medien willkürlich oder mit einer Strategie erfolge. Über traditionelle Medien, da sind sich Nadine Dlouhy und andere Experten einig, ist diese Generation nicht zu erreichen. Es erfordert andere Plattformen und eine andere Sprache. Ziel sei es hier, den Gegenüber zu binden, zu halten und zu motivieren.

Generell – und das betreffe jede Art von Kommunikation – sei ein authentischer Blick auf das Ganze wichtig. Und das Ganze beginne immer bei einem selber. Der Kommunikator müsse authentisch und glaubhaft sein, um auch authentisch und glaubhaft kommunizieren zu können. Hinzu komme eine Klarheit und Einfachheit in der gewählten Sprache. Die schaffe Vertrauen und wenn ein gewisses Maß an Vertrauen vorhanden sei, dann sei weniger Kommunikation nötig.

Letzten Endes müsse sich aber jeder vor Augen führen, dass das durch die Kommunikation vermittelte Gefühl über Kauf oder Nichtkauf entscheide. Und Kommunikation werde – auch im digitalen Zeitalter – von Menschen betrieben. Genau wie Unternehmen von Menschen gemacht, geleitet und geführt würden. Das werde aufgrund der vielen technischen Innovationen schnell vergessen. „Dabei ist und bleibt der Mensch Erfolgsfaktor Nummer eins." Es müsse wieder deutlich mehr menscheln. Viele Unternehmer und Unternehmen hätten das bereits erkannt und auch (wieder) in den Fokus gerückt. Gerade das digitale Zeitalter stärke die Bedürfnisse nach Vertrauen und nach einem gewissen Wohlfühlfaktor. Wenn sich Menschen wohlfühlen, werden sie das Unternehmen nicht verlassen wollen – weder als Mitarbeiter noch als Kunde.

Fazit: Um sich an einem Markt der zunehmenden Vielfalt und Vergleichbarkeit positionieren zu können, bedarf es der richtigen Kommunikation. Und das bedeutet immer, dass man sich die W-Fragen stellt: Was möchte ich wem und mit welchem Ziel kommunizieren? Auch das Wie ist hierbei entscheidend, denn der menschliche Faktor darf, wenn es um die Außendarstellung eines Unternehmens geht, nie in den Hintergrund gedrängt werden. Menschlichkeit spielt gerade im Zeitalter der Digitalisierung eine entscheidende Rolle.

## Kathrin Härle – Preise gestalten und am Markt durchsetzen

Verdiene, was du verdienst – so lautet die Mission der Pricing-Expertin Kathrin Härle. Sie hilft Experten, Beratern, Coaches, Trainern und Selbstständigen mit einem ganzheitlichen Ansatz dabei, mit einer professionellen, klaren Preisstrategie und dem dazugehörigen Mindset mehr Geld zu verdienen, die richtigen Kunden anzuziehen und mehr Wertschätzung zu erfahren.

Die Gestaltung der Preise ist laut der Expertin für jeden Unternehmer von hoher Relevanz, denn der Preis beeinflusst nicht nur in hohem Maß die Profitabilität des Business, sondern auch die wahrgenommene Qualität und den wahrgenommenen Nutzen eines Angebots.
In vielen Unternehmen werde das Thema Preisgestaltung noch stiefmütterlich behandelt, was im schlimmsten Fall dazu führe, dass entweder potentielle Kunden die angebotenen Produkte wegen zu hoher Preise nicht kauften oder aber dass Unternehmen aufgrund zu geringer Preise jeden Tag Geld verschenkten - ohne es zu merken.

Das Thema Preisgestaltung sei noch wichtiger für Anbieter digitaler Produkte und Dienstleistungen, denn herkömmliche Kalkulationsmethoden (Preis = Kosten + Marge) versagten bei digitalen Angeboten, da diese häufig keine oder kaum variable Kosten hätten. Um den richtigen Preis zu ermitteln, muss laut Kathrin Härle deshalb der Wert des Angebots für die jeweilige Zielgruppe im Fokus stehen. Hierbei helfen folgende sieben Fragen:

1) Wer ist die die Zielgruppe und wie sind ihre finanziellen Ressourcen?
2) Wie groß und relevant ist das Problem, das ich mit meinem Produkt lösen möchte, für meine Zielgruppe?
3) Kann die Zielgruppe das Problem bereits günstiger oder sogar kostenlos lösen?
4) Wie emotional ist mein Produkt, wie emotional das Problem?
5) Ist mein Produkt ein Statussymbol (alles, was Menschen nutzen, um ihrer Identität Ausdruck zu verleihen)?
6) Wie ist die Lebensdauer meines Produkts, wie lange hat der Kunde etwas davon?
7) Wie hoch sind die Herstellkosten meines Produkts nach Einschätzung meiner Zielgruppe?

Kathrin Härle hat hierzu ein spezielles Tool entwickelt, mit dessen Hilfe man eine grobe Preisrange ermitteln kann (Link). Wo genau man sich mit seinem Angebot innerhalb dieser Preisspanne ansiedelt, hängt von der Positionierung ab.

Ihrer Erfahrung nach verkaufen sich viele Trainer, Coaches und Speaker unter Wert. Obwohl sie ihrem Kunden einen großen Mehrwert böten, sträubten sie sich davor, ihre Preise entsprechend anzuheben, insbesondere bei Bestandskunden. „Das hat auch etwas mit dem richtigen Mindset zu tun", weiß die Expertin.

Es nutze nichts, wenn man anhand von Tools und verschiedener Methoden den eigentlich richtigen Marktwert ermittele, wenn man nicht selbst mit jeder Faser seines Körpers dahinter stehe. Denn dann schaffe man es auch nie, diesen Preis beim Kunden zu erzielen. "Bin ich wirklich gut genug?" oder "Ist es nicht unverschämt, einen derart hohen Preis zu verlangen?" sind die Fragen, mit denen sich Kathrin Härle immer wieder konfrontiert sieht. Und das seien Glaubenssätze, an denen jeder Einzelne arbeiten müsse, bevor er überhaupt in die Preisverhandlungen eintrete. Das gelte beim Bewerbungsgespräch in einer potenziell neuen Firma, bei Gehaltsverhandlungen mit dem Chef und dann, wenn man als Coach eine Dienstleistung anbiete.

Trainern und Coaches rät sie, sich an den drei bis fünf Kunden zu orientieren, die maximal zufrieden mit der angebotenen Dienstleistung waren, und sich im Detail klarzumachen, wie man das Leben dieser Kunden positiv beeinflusst hat. Diese Übung helfe dabei, sich selbst über den Wert seiner Dienstleistung klar zu werden, den Mut zu fassen, auch bei Bestandskunden die Preise zu erhöhen und im Preisgespräch überzeugend aufzutreten.

Neben dem richtigen Mindset sei eine wirkungsvolle Wertargumentation die unverzichtbare Basis, um seine Preisvorstellung durchzusetzen. Hier gehe es darum, dem

Gegenüber anhand konkreter Zahlen klar zu machen, welchen Mehrwert das eigene Angebot bringe, beispielsweise wie viel man mehr verdienen könne, wie viel Zeit oder Geld man sparen könne? Gleichzeitig müsse eine Wertargumentation auch die inneren Grundmotive des Gegenübers ansprechen. Möchte er zum Beispiel mehr verdienen, sodass er weniger Arbeiten muss und mehr Zeit hat, um seiner Leidenschaft nachzugehen?

Fazit: Das Thema Preisgestaltung wird im Zeitalter der Digitalisierung immer wichtiger. Die zentrale Frage lautet: Was ist der wahrgenommene Wert meines Angebots für meine Zielgruppe? Mit den richtigen Fragen, Methoden und Tools, kombiniert mit dem richtigen Mindset, kommt man als Unternehmer ans Ziel und schafft damit die Basis für ein nachhaltig profitables Business.

# Dirk Kreuter - die Macht der Überzeugung

Verkaufen ist überzeugen. Diese Erfahrung hat Dirk Kreuter während seiner jahrelangen Tätigkeit als Verkäufer, als Handelsvertreter im Außendienst und vor allem auch als Verkaufscoach gemacht. Über seine eigenen Verkaufs- und Vertriebstätigkeiten und über Produktschulungen hat er den Weg zu Verkaufsschulungen gefunden und diese mehr und mehr professionalisiert – mittlerweile hält er seine Vorträge vor 10.000 Menschen und mehr, hat sogar eine Eintragung im Guiness Buch der Rekorde. Seine Vision ist es, bis zum Jahr 2020 eine Million Menschen in Deutschland, Österreich und der Schweiz zu besseren Verkäufern zu machen. Bislang ist er auf einem guten Weg und wird dieses Ziel voraussichtlich sogar übertreffen. „Dank Social Media ist es heute möglich, tausende Menschen zu erreichen und für das Thema zu sensibilisieren“, sagt der Experte.

Gutes Verkaufen ist heute seiner Meinung nach wichtiger denn je – und betrifft sowohl den Kunden als auch den Verkäufer. Ein Kunde solle sich während des Gesprächs wohl fühlen, solle merken, dass er es mit einem Profi zu tun hat, der hinterfragt, der auf die Bedürfnisse eingeht, der nicht versucht, dem Kunden „etwas anzudrehen“. Verkäufer unterdessen machten sich das Leben aus Sicht von Dirk Kreuter oft unnötig schwer, weil sie nicht ausreichend ausgebildet sind und deswegen nicht über den Wissens- und Erfahrungsschatz verfügen, der für gutes Verkaufen notwendig ist.

Aus seiner Sicht ist jeder Verkäufer. Nämlich immer dann, wenn er sein Gegenüber von etwas überzeugen möchte. Da sind beispielsweise die Eltern, die ihr Kind davon überzeugen möchten, nicht zu rauchen oder pünktlich um 22 Uhr zuhause zu sein. Da ist der Single auf Partnersuche, der versucht, sich vor dem oder der Angebeteten im besten Licht darzustellen, sie oder ihn von seinen Vorzügen zu überzeugen. Da ist der Bewerber, der einen Job haben möchte und deswegen dem potenziellen Arbeitgeber aufzeigt, wie wertvoll er für das Unternehmen sein kann. Da ist jeder, der andere motivieren möchte, etwas zu tun oder es eben nicht zu tun. „Verkaufen ist zielgerichtete Gesprächsführung.“

Die Profivariante des Verkaufens sei die, Produkte und Dienstleistungen an den Mann oder an die Frau zu bringen. Das sei deswegen noch einmal eine ganz besondere Herausforderung, weil der Begriff „Verkaufen“ für die meisten negativ konnotiert sei. Hier ist es Dirk Kreuters Ziel, ein Umdenken anzustoßen. Weg von dem Gedanken: „Der will nur mein Bestes, nämlich mein Geld.“ Hin zu einem nutzenorientierten Verkauf. Und wenn man wisse, wie das funktioniere, wie man zielgerichtet kommunizieren könne, dann sei das Leben viel einfacher.

Grundsätzlich müsse man sich immer vor Augen führen, dass keiner etwas verkauft bekommen wollen, aber (fast) alle es lieben zu kaufen. Ein Profi nutze dieses Wissen, indem er dem (potenziellen) Kunden eben nie das Gefühl geben, dass er ihm etwas verkaufen wolle. Ziel müsse es sein, das Gegenüber dazu zu motivieren, aus eigenem Antrieb eine Kaufentscheidung zu treffen. Also nicht: „Mir wurde das Auto verkauft“, sondern „Ich habe mir das Auto gekauft“. Die Verkäufer genau dahin zu bringen, das sieht Dirk Kreuter als seinen Job an.

Dazu, ein guter Verkäufer zu werden beziehungsweise zu sein, gehören auch Faktoren wie Erfolg und Persönlichkeitsentwicklung. Er hat sich beispielsweise mit der Frage beschäftigt, warum manche Menschen Durchstarter sind und andere nicht – obwohl bei allen die Ausgangsvoraussetzungen die gleichen sind: Jedem stehen 24 Stunden täglich zur Verfügung. Die wenigstens würde die ihnen zur Verfügung stehende Zeit allerdings wirklich effektiv nutzen. „Viele sind zwar beschäftigt, aber nicht produktiv.“ Zudem hätte nur ein Bruchteil, nämlich ungefähr drei Prozent, klar definierte Ziele. Dabei seien es die Ziele, die Orientierung böten. Dabei spielten die persönlichen Voraussetzungen wie Kindheit, mögliche Behinderungen oder Schulden keine entscheidende Rolle. „Einige sagen, sie können genau deswegen nicht erfolgreich werden, andere sagen, dass sie genau deswegen so erfolgreich wurden.“ Das sei eben immer eine Frage der Persönlichkeit, der Perspektive und des richtigen Mindset. Aber auch eine Frage der Fokussierung: Man müsse seine Ziele immer klar vor Augen haben und dürfe sich nicht ablenken lassen.

Gerade im Zeitalter von Smartphone und Co. sei das schwierig, denn die Nutzung des Smartphones diene oft nicht der Fokussierung, sondern der Ablenkung.

Ein weiterer Punkt, den Dirk Kreuter für wichtig hält, um erfolgreich zu sein – sei es im Verkauf oder in einer anderen Branche – ist eine schnelle Umsetzung. Er selbst weiß genau, wovon er spricht, denn er ist ein Turbo-Umsetzer, meldet oft schon Vollzug, wenn andere noch mitten in der Planung stecken. „Viele reden davon, dass sie vorhaben zu leben.“ Aber das Leben sei genau jetzt und es sei der falsche Weg, Dinge in die Zukunft zu schieben. Die Zeit jedes

Einzelnen sei begrenzt, deswegen gelte es, Pläne – private oder geschäftliche – schnellstmöglich umzusetzen. „Every day is day one." Also wird jede Idee, die Dirk Kreuter für sinnvoll hält, auch sofort umgesetzt.

Fazit: Wer erfolgreich verkaufen möchte, der sollte nicht versuchen, seinem Gegenüber das Produkt „anzudrehen", sondern ihm das Gefühl geben, dass er selbst aktiv die Kaufentscheidung trifft. Grundsätzlich sind die Menschen, egal ob Verkäufer, Angestellter, Unternehmer, im Leben erfolgreicher, die sich klare Ziele setzen und ihren Fokus auch auf diese Ziele ausrichten – ohne sich ablenken zu lassen, ohne die Arbeit aufzuschieben.

## Christoph Schreiber - 7 Regeln, um die Nummer eins am Markt zu werden

Wenn es um Sichtbarkeit und Dominanz im Internet geht, dann führt kein Weg an Christoph Schreiber vorbei. Er ist Mitinitiator der Contra, der Conversion und Traffic Conference in Düsseldorf, hat die Plattform www.gruender.de mit ins Leben gerufen und zahlreiche weitere Projekte initiiert und zu Erfolg gebracht. Seine Kernkompetenz: Online Marketing. Um sich hier langfristig an der Spitze etablieren und von der Konkurrenz abheben zu können, sollte Online Marketing immer um Offline-Elemente ergänzt werden. Hierzu gehören beispielsweise Bücher, Workshops oder Kongresse.

Um im Internet erfolgreich zu sein, sei es allerdings auch wichtig, sich immer wieder neue Impulse zu holen. So sei es immer sinnvoll, einen Blick nach Übersee zu werfen. „In den USA ist man uns ganz oft schon einen Schritt voraus. Hier kann man sich immer inspirieren lassen“, weiß Christoph Schreiber.

Ein weiterer wichtiger Punkt sei es, sich bei den einzelnen Projekten Experten mit ins Boot zu holen und von deren Knowhow zu profitieren und auch andere profitieren zu lassen. Ein gutes Beispiel hierfür seien die verschiedenen Kongresse, bei denen die Referenten aus ganz unterschiedlichen Fachbereichen wie Finanzen, Persönlichkeitsentwicklung oder Karriere kämen. „Man kann immer nur so gut und stark sein, wie die Menschen, die man im Team oder im Umfeld hat“, weiß der Experte. Gerade wer, im übertragenen Sinn, viele PS auf die Straßen bringen wolle, der könne nicht als Einzelkämpfer agieren, sondern brauche immer Mitarbeiter, auf die er sich verlassen könne, die einem den Rücken freihielten, die dafür Sorge trägen, dass man sich auf seine Kernkompetenz verlassen könne.

Das sei einer der Gründe gewesen, weswegen er es binnen kürzester Zeit geschafft habe, sich zusammen mit seinem Mitstreiter Thomas Klußmann ein Online-Imperium aufzubauen. Ein weiterer Grund: sich immer kritisch zu hinterfragen, immer wieder zu reflektieren, was man besser machen können und sich auf die Punkte zu fokussieren, die noch nicht gut genug sind. Ein hoher Anspruch auf der einen, eine permanente Unzufriedenheit auf der anderen Seite.
Auch Geschwindigkeit, also eine schnelle Umsetzung, sei enorm wichtig. „Wenn wir irgendwo Potenzial sehen, aber nicht wissen, ob es funktioniert oder nicht, probieren wir es einfach aus“, sagt Christoph Schreiber.  So merke man relativ schnell, ob die Idee ankomme oder nicht. So könne sich auch bei der Umsetzung einer eigenen Webseite die Frage stellen, welchen Content man am besten in den Fokus rücke. Ein Video. Eine provokative Headline. Ein Foto. „Nur wer es austestet, erfährt auch, was am besten funktioniert.“ Das Schöne am Onlinemarketing sei, dass man alles

mit Zahlen erfassen und belegen könne, dass alles dokumentiert werde.

Für sein aktuelles Buch „Digitale Dominanz“ hat Christoph Schreiber sieben Regeln dafür aufgestellt, wie man das eigene Business zur Nummer eins am Markt macht, wie man mehr Kunden gewinnt und wie man mit diesen Kunden mehr Umsatz generiert.

1. Mach Dich sichtbar: Hier geht es darum, sich an irgendeiner Stelle sichtbarer zu machen als der Mitbewerber, beispielsweise mit einer Werbeanzeige auf der Plattform Facebook. Wichtig sei es, zunächst einen Bereich zu dominieren, ehe man den Fokus auf den nächsten lege. Man müsse die Dominanz schrittweise ausbauen und ein Gefühl dafür entwickeln, wie gut die anderen sind und wie man in diesen Bereichen besser werden könne als die Konkurrenz.

2. Mache immer ein unwiderstehliches Angebot: Betrachte Angebots- und Kundenseite als zwei Seiten einer Medaille. Diese setzt sich zusammen aus Attraktivität und Kommunikation des Angebots einerseits, und dem Kunden in seiner individuellen Situation andererseits. Beides muss aufeinander abgestimmt sein, um dem Kunden das jeweils bestmögliche Angebot machen zu können und ihn anschließend im richtigen Moment bei seiner Kaufentscheidung zu unterstützen.

3. Ein Deal kommt niemals allein: Aufeinander aufbauende Angebote sind massiv unterschätzt, dabei aber extrem effizient. Sinnvoll ist es, immer an den sogenannten Funnel zu denken, also sich zu überlegen, welches Angebot für den Kunden, der sich bereits für eines entschieden hat, noch relevant sein könne.

4. Rede mit deinen Kunden: Durch jede Aktion eines Kunden, insbesondere durch jeden einzelnen Kauf, erfährt man mehr über die jeweilige Person. Es ist sehr wahrscheinlich, dass ein zufriedener Kunde weitere Produkte beim selben Anbieter kauft.

Deshalb sollte dieser regelmäßig und proaktiv mit seinen Kunden kommunizieren, um weitere Geschäftspotenziale bestmöglich zu nutzen.

5. Lerne und mache dein Business jeden Tag besser: Online kann man alles messen. Die so gewonnen Ergebnisse können genutzt werden, um ein Unternehmen stetig zu verbessern. Durch das Optimieren des Verkaufsprozesses werden Profil und Umsatz des Unternehmens gestärkt. Durch die so ermöglichte Erhöhung des Kundenwerts und der Kundenzahl vergrößert sich der Marktanteil und damit der Vorsprung gegenüber der Konkurrenz.

6. Automatisiere alles Business jeden Tag besser: Hier stehen Effizienzsteigerung und Kostenreduzierung im Vordergrund. Automatisierte Prozesse sind enorm zuverlässig, sparen Zeit und Geld, erhöhen die Nutzerfreundlichkeit und sorgen für jede Menge frischen Umsatz. Richtig angewendet bedeutet Automatisierung Optimierung der Geschäftsabläufe und des Kontakts zum Kunden. Auf lange Sicht sichert dies den Vorsprung des Unternehmens vor der Konkurrenz.

7. Mache deine Performance sichtbar (Controlling): Wer digital dominieren will, mussseine Performance-Zahlen kennen. Im Online-Business ist der individuelle Erfolg bzw. Misserfolg einzelner Kampagnen und Maßnahmen durch Tools wie z.B. Dashboards bis ins kleinste Detail messbar. Das genaue Wissen über die Kennzahlen des Unternehmens ermöglicht eine stetige Optimierung und insofern die Entwicklung hin zu immer noch gezielterem Vorgehen in der Zukunft.

Loslegen!

# Welche Möglichkeiten zur Reichweite und Bekanntheit gibt es

An dieser Stelle kommt die provokative, von mir oft gestellte Frage: Was nützt es Dir, wenn Du gut bist und keiner (außer vielleicht Dir selbst) weiß es? Genau: Nichts! Du musst Methoden entwickeln, um für eine große Masse an Menschen sichtbar zu werden. Wie genau das funktionieren kann, zeigen Dir die Experten Dr. Oliver Pott, Dirk Hildebrand, Nadine Krachten, David Przybylski, Oliver Albrecht, AFM Media, Ralf Schmitz, Jens Neubeck, Sven Plate und Thomas Klußmann auf. Sie geben Dir eine Einblicke in die vielfältigen Möglichkeiten zur Generierungen von Reichweite. Das Spektrum reicht vom Aufbau eines eigenen Podcasts und der Erstellung eines professionellen Videos über die richtigen Methoden des Verkaufens bis hin zu Affiliate-Marketing und den Möglichkeiten eines Amazon-Kindles. Gerade im Zeitalter von Google, YouTube, Facebook und Co. sind die Möglichkeiten, für eine Vielzahl von Menschen sichtbar zu werden, nahezu grenzenlos. Man muss sie nur für sich zu nutzen wissen. Und wie genau Du das schaffst, bekommst Du in diesem Kapitel aufgezeigt.

## Dr. Oliver Pott - die richtige Idee ist erfolgsentscheidend

Mit dem Aufbau eines eigenen Internetunternehmens ist es genauso wie mit dem Bau eines Hauses: Es bedarf im Vorfeld einer guten Planung und einer konkreten Idee dessen, was entstehen soll. Das weiß Dr. Oliver Pott so gut wie kaum ein anderer. Er hat schon zahlreiche Unternehmen aufgebaut und war hierbei schneller als die meisten anderen. Bereits 2003 ist er mit seinem ersten Downloadshop an den Start gegangen – und war damit der Erste in Deutschland. Sein Motto damals: Runterladen statt runter zum Laden. Zwei Jahre später verkaufte er das Unternehmen an einen französischen Softwarehersteller und sorgte damit für dessen

Internationalisierung. Eine Sache, die er vor allem mitnahm: Um ein eigenes Internetbusiness aufzubauen, braucht es nicht viel. Keinen großen Mitarbeiterstamm, nicht viel Startkapital und keine Industriehalle.

Um sein Wissen auch an andere weiterzugeben, entwickelte Dr. Oliver Pott 2005 die Plattform founder.de, mit der er es sich zur Aufgabe gemacht hat, anderen dabei zu helfen, ihr eigenes Online-Unternehmen aufzubauen. Einzige Voraussetzung: Sie müssen eine gute und schlüssige Idee haben. Denn das ist für den Experten die Grundlage, um kurz-, mittel- und langfristig erfolgreich sein zu können. Viele dieser guten Ideen seien aber sicherlich schon untergegangen, weil die wenigsten Menschen es schafften, diese sprichwörtlich auf die Straße zu bringen. „Menschen sind tendenziell Wissensriesen und Umsetzungszwerge."

Auch am Anfang eines Unternehmens stehe immer eine Idee. Das sei auch bei den großen und erfolgreichen Firmen so und stehe in jeder Handelsbilanz unter dem Punkt A 1.1 „Immaterieller Vermögensgegenstand. „Das ist die Geschäftsidee. Am Beispiel von Coca Cola sind es unter anderem die Marke und das Rezept. Und diese Idee ist zwar immateriell, hat aber dennoch einen enormen Gegenwert."

Hilfreich sei es, die eigenen Ideen und Ansätze in ein sogenanntes Ideenbuch einzutragen. Das gebe diesen eine gewisse Wertigkeit. Eine gut durchdachte und interpretierte Geschäftsidee ist aus Sicht von Dr. Oliver Pott das wichtigste. Er vergleicht es mit dem Bau eines Hauses. Hier bestelle sich auch keiner erst einmal Rohre und Steine und lege dann drauf los, sondern beauftrage einen Architekten, mit dem er die Planung bis ins kleinste Detail durchspreche. Die Umsetzung im Anschluss sei dann nicht mehr allzu schwierig.

Viele potenzielle Internetunternehmer machten den Fehler, dass sie erst einmal loslegten und eine Homepage einrichteten, ohne einen durchstrukturierten Plan zu haben. Ein Weg, von dem Dr. Oliver Pott gar nichts hält. Die Idee ist für ihn die Basis für den späteren Erfolg. „Daran muss man sich richtig abarbeiten und daran feilen." Grundsätzlich sei es wichtig, eine gute von einer schlechten Geschäftsidee voneinander zu unterscheiden. Gut ist diese seiner Meinung nach, wenn sie drei Kriterien erfüllt:
1. Fun: Du solltest Spaß an dieser Idee haben und eine Leidenschaft dafür entwickeln. Wenn Du darüber redest, sollte das Glitzern in Deinen Augen zu sehen sein. So sei es beispielsweise kontraproduktiv, um es überspitzt darzustellen, wenn ein Vegetarier einen Wurstshop eröffnen wolle. 2. Fame: Du solltest nur das tun, was Deinem eigenen Ruf einzahlt, also das, was Du auch ethisch komplett vertreten kannst. Wenn das nicht der Fall ist, solltest Du Dich nicht scheuen, nein zu dieser Idee zu sagen. Das kann in so einem Fall sehr befreiend wirken.
3. Fortune: Du solltest nur etwas machen, womit Du auch Geld verdienen kannst. Ein Modell, bei dem die ersten beiden Kriterien zwar erfüllt sind, das sich aber nicht zum Geldverdienen eignet, nennt sich nicht Business, sondern Hobby.

Drei Kriterien für die Idee, drei Phasen für die Unternehmensgründung: Wenn die Idee da ist und anhand von verschiedenen, im Internet frei zugänglichen Analyseinstrumenten (die beispielsweise von Google oder Facebook zur Verfügung gestellt werden) auf ihre Wettbewerbstauglichkeit überprüft ist, sich also eine ausreichend große, potenzielle Zielgruppe richtet, geht es weiter in Phase zwei: den Aufbau der Technik. Hierzu gehört beispielsweise der Aufbau einer eigenen Homepage, eines Auftritts auf verschiedenen Social-Media-Kanälen etc. In Phase drei geht es darum, die ersten Kunden zu gewinnen. Beide Phasen funktionieren laut Dr. Oliver Pott automatisch sehr gut, wenn in Phase eins ordentlich gearbeitet wurde. So sei beispielsweise die Generierung von neuen Kunden nicht so herausfordernd wie viele das im ersten

Moment denken würden. „Ein Neukunde ist wie ein Rohstoff, den man sich beispielsweise bei Facebook oder über Google kaufen kann. Diese beiden Universen bieten einem so viele Möglichkeiten.“

Fazit: Am Anfang jeder Unternehmensgründung steht die Idee. Diese entscheidet zu großen Teilen darüber, ob jemand mit seinem Business erfolgreich ist. Deswegen sollte die meiste Zeit damit aufgewendet werden, die für sich optimale Geschäftsidee zu entwickeln und diese anschließend anhand von Analysetools auf ihre Zielgruppentauglichkeit überprüfen zu lassen.

# Dirk Hildebrand – Marktchance Podcast

Seit rund zwei Jahren erfährt der sogenannte Podcast einen Boom. Mittlerweile nutzt rund jeder Fünfte die Möglichkeit, sich Audiodateien auf dem Handy, dem PC oder auf anderen mobilen Geräten anzuhören. Unter den jüngeren Nutzer ist es sogar jeder Dritte – meist während des Reisens, beim Aufräumen oder im Bett. Damit ist der Podcast, genau wie das Radio, das klassische Nebenbei-Medium. Mittlerweile haben auch viele Unternehmen und Unternehmer diesen Trend für sich entdeckt und nutzen ihn sowohl für die interne als auch für die externe Kommunikation. Für viele führt, wenn es um die Professionalisierung geht, kein Weg an Mr. Podcast Dirk Hildebrand vorbei. Er ist Geschäftsführer der Audioexperten, die sich genau auf dieses Thema spezialisiert haben. Und er sagt: „Auch wenn Podcast ein absolut aufstrebendes Medium ist, ist gerade im Hinblick auf die Möglichkeiten innerhalb von Unternehmen noch viel Luft nach oben.“ So gibt es beispielsweise die Option, mit den Kunden auf diese Weise zu kommunizieren, zum anderen bergen Podcasts aber auch im Hinblick auf die Mitarbeitergewinnung ein großes Potenzial. Man könne beispielsweise aktuelle Auszubildende zu Wort kommen lassen, um etwas über die Inhalte der Arbeit zu erzählen. Der große

Vorteil: Die Kommunikation erfolgt zielgruppenorientiert – und davon können Unternehmen, aber eben auch Nutzer profitieren. „Wir nutzen nur die Inhalte, die uns wirklich interessieren“, sagt der Experte.

Ein weiterer Vorteil: Jeder kann relativ einfach und ohne großen finanziellen Aufwand einen Podcast erstellen. Zuhause, am eigenen PC oder Laptop, ohne viel Technik. Allerdings ist sich Hildebrand sicher, dass sich am Markt künftig qualitativ hochwertige Podcasts durchsetzen werden und deswegen sei es entscheidend, sich von der Masse abzuheben und Beiträge in guter Tonqualität und mit einem für die Zielgruppe ansprechenden Inhalt aufzubereiten. Damit das gelingt, ist es wichtig, im Vorfeld einige Tipps zu beachten. So sei es beispielsweise wichtig, sich zunächst einmal Gedanken darüber zu machen, was man wem erzählen möchte, also dass man sowohl die Zielgruppe als auch den Content definiere und sich dann hinterfragt, ob die Inhalte dem Hörer einen potenziellen Nutzen bringen. Das sei meist dann gewährleistet, wenn der Podcast eine Mischung aus Information und Unterhaltung biete. Im Hinblick auf die Inhalte rät Hildebrand, sich auf die Bereiche zu konzentrieren, in denen man Experte ist und sich dann auf kleine Teilbereiche zu beschränken, um die Komplexität zu reduzieren. Hier können auch sogenannte Special-Interest-Themen durchaus von Relevanz sein, um ganz gezielt eine Hörerschaft anzusprechen. Dabei müsse man sich auch im Klaren darüber werden, welche Strategie man mit seinen Beiträgen verfolge. Ob es nur darum gehe, dass man Reichweite generieren möchte oder ob es auch das Ziel sei, den Abonnenten in einem zweiten Schritt ein Produkt oder eine Dienstleistung zu verkaufen, hierzu gehöre beispielsweise ein Buch, auf das man hinweisen wolle. Ein weiterer wichtiger Schritt, den laut Hildebrand viele unterschätzen, ist die Namensgebung des Podcasts. Der Experte rät hier: „Die ersten sechs bis acht Ideen können sie direkt wieder durchstreichen, denn der Titel ist enorm wichtig und sollte auf jeden Fall einen kreativen Ansatz haben.“ So sei es beispielsweise eine Herangehensweise, eine Bezeichnung zu wählen, die interessant klingt, sich dem potenziellen Hörer aber inhaltlich noch nicht direkt erschließt, bei dem sich die „Verwirrung" erst im Laufe der Folgen löst. Kreativität ist auch bei der Wahl des Untertitels gefragt – allerdings sei es hier von Vorteil, gerade wenn noch darum gehe, eine neue Hörerschaft zu generieren, Schlagworte aus dem zu erwartenden Inhalt zu verwenden, damit die Zielgruppe den Podcast in den gängigen Portalen wie Spotify auch finde. Und dann gehe es darum, eine Marke aufzubauen, mit der eigenen Persönlichkeit zu überzeugen. „Das Ziel muss es sein, dass die Nutzer zu Dauer-Abonnenten werden und dass sie die Beiträge wegen der Person hören. Weil diese unterhaltsam ist und weil sie Ahnung von einem speziellen Thema hat", so Hildebrand. Wer diesen Punkt erreicht habe, der könne sich in der Regel über eine auf Dauer treue Anhängerschaft freuen. Noch einfacher hätten es die, bei denen – über andere Kanäle – schon ein Bekanntheitsgrad und dadurch auch eine Fangruppe vorhanden sei. Diese erweise sich auch im Podcast als loyal. Doch auch hier sei Professionalität wichtig. Und das bedeutet zum einen, dass die technischen Voraussetzungen mit einer entsprechenden Hardware geschaffen sein müssen. Und zum anderen, dass der Podcast professionell aufbereitet sein muss. Hierzu gehören beispielsweise ein Intro und ein Outro mit Musik, wodurch ein hoher Wiedererkennungswert geschaffen wird. Hierzu gehört aber auch ein professioneller Sprecher zur Ankündigung. „Sinnvoll ist es auch, weiter Audioelemente zwischenzuschalten", weiß der Experte. Das diene dazu, den Hörer zwischendurch wachzurütteln und aufs Neue seine Aufmerksamkeit zu erlangen. Im Hinblick auf den Inhalt rät Hildebrand dazu, mit einer Fragestellung zu beginnen, die erst im Laufe des Podcasts, im Idealfall am Ende, beantwortet wird. So halte man die Aufmerksamkeitsspanne bis zum Schluss hoch und gewährleiste eine entsprechende Verweildauer.

Sind Titel, Thema und die richtige Technik gefunden, geht es darum, das Ganze einzuspielen und aufzunehmen. Hier sollte darauf geachtet werden, den Abstand zum Mikrofon relativ konstant zu halten, um Schwankungen in der Lautstärke zu vermeiden, und Umgebungsgeräusche bestmöglich zu minimieren. Equipment für eine Rückleitung sei hier durchaus sinnvoll, um sich selbst zu hören und die Tonqualität besser einschätzen zu können. „Ich rate jedem, einmal in ordentliche Technik zu investieren, denn davon profitiert man auf Dauer“, sagt Hildebrand. Um mit dem produzierten Podcast eine große Hörerschaft zu erreichen, sollte man diesen auf den wichtigsten Plattformen wie beispielsweise Podigy oder Soundcloud mit Ton, Coverbild und einer kurzen Beschreibung einstellen. Von dort werden sie dann mit Hilfe sogenannter Podcatcher-Programme binnen kürzester Zeit auf Portalen wie Spotify veröffentlicht. Parallel sollte man den Podcast auf der eigenen Homepage sowie in sozialen Medien einbetten, um eine möglichst große Fanbase zu generieren. Ziel sei es immer, dass die Hörer den Podcast auch abonnieren. Das biete die Möglichkeit, diese in regelmäßigen Abständen mit Content „zu füttern“ und darüber auch mittelfristig Produkte und Dienstleistungen zum Kauf anzubieten. Auf direktem Weg mit den Audiobeiträgen Geld durch einen sogenannten „payed content“ zu verdienen, hält der Experte – auch aufgrund der großen Vielfalt am Markt – für schwierig. Der bessere Weg sei es, eine breite Hörerschaft zu gewinnen und zwischendurch Geschäfte zu generieren.

Weniger auf Profit, sondern vielmehr auf Mitarbeiterbindung, Identifikation und Information kann ein interner Podcast innerhalb von Unternehmen abzielen. Sozusagen als Mitarbeiterzeitschrift im Audioformat. Hier könnten beispielsweise neue Produkte oder Ausbildungsinhalte vorgestellt werden. „Die Möglichkeiten sind schier grenzenlos. Und das gilt in allen Bereichen des Podcasts“, sagt der Experte.

Fazit: Podcasts erfreuen sich immer größerer Beliebtheit und sind eine gute Möglichkeit, um sich eine treue Anhängerschaft aufzubauen, die man zum einen mit Content füttern kann, der man zum anderen aber auch Dienstleistungen und Produkte zum Verkauf anbieten kann. Ein klar definiertes Thema, bei dem man selbst ein Experte ist, ein ansprechender Titel und eine hohe Qualität sind hierbei wichtig, um sich von der breiten Masse abzuheben und Hörer zu generieren.

# Nadine Krachten - Verkaufen ist nicht gleich verkaufen

Geschäfte werden auch heute, im digitalen Zeitalter, im Zeitalter von Onlineshopping und Co., noch zwischen Menschen gemacht. Da ist sich Nadine Krachten sicher. Und sie muss es wissen, schließlich ist sie Verkaufstrainerin, Expertin für empathisches Verkaufen und der Kunden-Joker – als einzige Frau in Deutschland. Sie unterstützt Verkäufer und Berater dabei, Gespräche mit Kunden richtig zu führen - und sie hilft Kunden dabei, gute und faire Geschäftspartner zu finden. Einer der wichtigsten Tipps, den sie jedem mit auf den Weg gibt, der etwas verkaufen möchte, nennt sie dabei meist gleich zu Beginn. Schließlich ist es der Tipp, den jeder verinnerlichen sollte und den jeder bei jedem Verkaufsgespräch präsent haben sollte: „Der Kunde kauft nicht nur das Produkt, sondern vor allem den Verkäufer bzw. dessen Sympathie." Und so sei es vor allem die Aufgabe des Verkäufers, dafür zu sorgen, dass beide Verhandlungspartner das Gespräch am Ende mit einem guten Gefühl verlassen, sich besser fühlen als vorher.

Und deswegen sei es auch wichtig, sich Zeit für den Gegenüber zu nehmen und eben nicht nach dem Motto „Zeit ist Geld" zu agieren. Zeit sei dazu da, Vertrauen zum Kunden aufzubauen und ihm das Gefühl zu vermitteln, dass man intensiv auf seine Wünsche und Bedürfnisse eingehe. Auf diese Weise zahle sich die investierte Zeit mittelfristig immer aus. „Wenn ein Verkäufer ausstrahlt, dass er sich die Zeit nimmt, bekommt der Kunde auch nicht das Gefühl, über den Tisch gezogen zu werden", weiß die Expertin. Hier sei es auch ratsam, nicht die Position eines klassischen Verkäufers, sondern vor allem die eines Menschen einzunehmen, dem Gegenüber auf einer menschlichen Ebene zu begegnen, ihm zu zeigen, dass man für ihn und seine Belange da ist. Während des Gesprächs und auch über den – im Idealfall – am Ende stehenden Verkauf hinaus.

Damit der immer angestrebte Verkauf am Ende steht, darf natürlich dieses Ziel nicht aus den Augen verloren werden. Im Gespräch sollte man für den potenziellen Kunden deswegen immer den Nutzen beziehungsweise den Mehrwert des Produktes oder der Dienstleistung herausstellen – indem man ihm sowohl auf emotionaler als auch auf sachlicher Ebene aufzeigt, dass es ihm nach dem Kauf besser geht. „Das bedeutet, dass wir den roten Teppich der Emotionen ausrollen, dass wir den Verkauf zu einem leidenschaftlichen Erlebnis machen“, bringt es Nadine Krachten auf den Punkt. Selbst nach Wochen müsse der Kunde noch sagen können: Das war das beste Produkt, das ich mir je gekauft habe. Stichwort: Nachhaltigkeit.

Verkauf seien eben auch immer Überzeugungsarbeit und ein Tauschgeschäft: Ich biete eine Ware oder Dienstleistung und bekomme im Gegenzug Geld dafür. Und dieser Tausch müsse für beide Seiten lohnenswert sein. Und dieser Tausch beginne eben nicht erst nach dem Kauf, sondern bereits mit dem ersten Gespräch, das ein Teil des Tausches ist. Dabei sei es wichtig, nie Routine aufkommen zu lassen und nach einem einstudierten Schema zu agieren. Denn Routine sorge dafür, dass man vergesse, auf die individuellen Wünsche des Kunden einzugehen. Routine sorge auch dafür, dass die anschließende Selbstreflexion in den Hintergrund trete. Dabei sei die immer wichtig, denn keiner erreiche jemals den Punkt, an dem er ausgelernt habe. Auch erfahrene Verkäufer nicht. Schließlich sei jede Gesprächssituation anders, jeder Kunde habe andere Bedürfnisse, sei auf seine Art anders.

Allerdings verfügt nicht jeder Verkäufer über einen großen Erfahrungsschatz und kann auf die unterschiedlichsten Verkaufssituationen zurückblicken, um immer und in jeder Situation souverän reagieren zu können. Wichtig sei es, selbst an sich und seine Fähigkeiten zu glauben und den Job mit Freude auszuüben. Man müsse sich vor Augen führen, dass man dem Gegenüber mit dem Verkauf etwas Gutes tue.

Auch die sogenannte Kundenrückgewinnung ist ein Thema, mit dem sich Nadine Krachten auseinandersetzt und bei dem sie wertvolle Tipps für ihre eigenen Kunden und generell für Verkäufer bereithält. Immer wieder komme es – aus ganz unterschiedlichen Gründen – vor, dass sich Kunden umorientierten, dass sie zu Ex-Kunden würden. Viele Unternehmen würden in diesem Fall auf eine sehr zeitintensive und umfassende Neukundenakquise setzen, statt Bemühungen anzustellen, die verlorenen Kunden zurückzugewinnen. Dabei sei der Weg, jemanden wieder von sich zu überzeugen, der einem bereits einmal das Vertrauen geschenkt habe, deutlich einfacher. Die Expertin macht das am Beispiel der Arbeitseinheiten deutlich: Um sich um einen Bestandskunden zu kümmern, bedarf es einer Arbeitseinheit. Um einen Neukunden zu werden, bedarf es sieben Einheiten. Und um einen verlorenen Kunden zurückzugewinnen, bedarf es mindestens sieben Einheiten. Hinzu komme, und dieser Aspekt dürfe keinesfalls unterschätzt werden, dass die Kunden, die man „zurückholt" mittel- und langfristig noch treuer seien als die Bestandskunden. Das liege an der Wertschätzung und Aufmerksamkeit, die das Unternehmen ihnen bei der Rückgewinnung entgegengebracht habe.

Fazit: Eine Dienstleistung oder ein Produkt zu verkaufen, ist immer mehr als nur ein Tausch. So ist es beispielsweise wichtig, ein vertrauensvolles Verhältnis zum Kunden aufzubauen und ihm den Mehrwert durch den Kauf herauszustellen. Denn in der Regel sind die schnellen Geschäfte nicht die nachhaltigen.

## Oliver Albrecht - sich richtig in Szene setzen

„Wenn Du nicht positiv über Dich sprichst, wer soll es dann tun?" Das ist der provokative Leitsatz des Regisseurs Oliver Albrecht. Er ist ein Meister der Emotionen im Hinblick auf das Bewegtbild und macht Menschen, Unternehmen und Marken im Video sichtbar. Dabei sieht und vermarktet er sich selbst weniger als Kameramann, sondern tatsächlich mehr als Sichtbarmacher. Das hat vor allem den Grund, dass er sich im umkämpften Markt der Fotografen und Videospezialisten abheben, sich ein Alleinstellungsmerkmal schaffen möchte. Genau das rät er auch seinen Kunden: „Denkt es aus Sicht der Kunden und versetzt Euch in den Kunden. Was möchte er? Und wie könnt Ihr ihm genau das bieten."

Die Vita von Oliver Albrecht liefert noch weitere Tipps, wie man sich zu einem gefragten Experten auf dem eigenen Gebiet machen kann: Nach seiner Lehre als Einzelhandelskaufmann hat er zunächst in der Musikbranche gearbeitet – und sich digital aufgestellt, als auch die Branche zunehmen digitaler wurde. Über die Arbeit mit Webdesign entdeckte er seine Leidenschaft fürs Filmemachen. Er drehte Musikvideos, ohne Ahnung von dem zu haben, was er tat. Doch er tat es gut. Aus unterschiedlichen Gründen: Zum einen, weil er bereit war, sich in das Themengebiet einzuarbeiten, zum anderen aber auch, weil er Lust hatte auf das, was er da tut. Und, was sich im Laufe der Zeit zeigte, weil er ein Gespür hatte für den Gegenüber, für die besonderen Momente, dafür, das richtige Gefühl zu transportieren.

Leidenschaft. Ein Brennen für das, was man tut – das sei zunächst einmal wichtig, um tatsächlich sichtbar werden zu können. Genauso wie die Tatsache, dass man sich seiner Fähigkeiten bewusst werde. Jeder sei gut darin, sich zu kritisieren und das Schlechte bzw. Negative zu sehen, dabei sei es viel wichtiger, das zu erkennen, was man gut könne und das, in einem nächsten Schritt, auch entsprechend nach außen zu transportieren. Auf authentische Art zu transportieren. Sich keine Maske aufzusetzen. Denn die würde mittelfristig immer als solche entlarvt. Da seien auch Grimassen durchaus erlaubt. Die hält er für authentisch. Die sollen dem Betrachter zeigen: Auch der Mensch vor der Kamera ist nicht immer souverän. Er zeigt sich so, wie er ist. Doch der Experte weiß aus Erfahrung, dass es für den Gefilmten eine große Herausforderung ist, sich eben genauso zu zeigen, wie er ist. Mit dem Streben nach

Perfektion mache man sich selbst sehr vieles kaputt. Das beginne schon beim Outfit. Hier sei es wichtig, sich so anzukleiden, dass man sich wohl fühle, dass man sich eben nicht verkleidet fühle. Und vor der Kamera sei es dann wichtig, nicht in eine Rolle zu schlüpfen, sondern so zu agieren, wie man immer agiere. Locker zu sein. „Menschen sind Helden, doch die meisten wissen das noch nicht."

Oliver Albrecht weiß, wovon er spricht: Er hilft den Menschen, sich, ihr Tun und ihre Fähigkeiten darzustellen. Indem er Filme dreht. Authentische Filme. Das gelingt ihm dann, wenn er sein Gegenüber vorher besser kennenlernt, in Erfahrung bringt, wie derjenige tickt, was seine Kernkompetenzen sind. „Natürlich ist jeder Film auch in gewisser Weise eine Inszenierung, aber es geht vor allem darum, Gefühle und Emotionen zu transportieren. Und die sind immer echt", sagt der Experte. Da darf und soll dann auch gelacht und geweint werden, da darf Betroffenheit beim Zuschauer ausgelöst werden. Positiv und negativ. „Jemand, der Emotionen zeigt, holt das Gegenüber ab." Der Regisseur hilft dabei, diese Gefühle auch zu transportieren, indem er die Bilder mit großen kindlichen Augen sieht. Indem er sich in die Rolle des Gegenübers versetzt, sich vor Augen führt, wofür derjenige brennt, was er ausstrahlt. Indem er die Geschichte(n) herausstellt und diese dann mit dem entsprechenden Ton hinterlegt. Bild und Ton müssen im Einklang stehen, damit das Gesamtergebnis eine besondere Wirkung erzielen kann, damit eine Geschichte entstehen kann. Kaum ein anderes Medium sei hierzu so geeignet wie der Film. Der schaffe es sogar, Gerüche zu transportieren, weil man mit gewissen Dingen gewisse Gerüche assoziiere – wenn man diese Assoziationsketten richtig in Gang bringe.

Eine weitere Herausforderung, der sich der Filmemacher im Zeitalter von Social Media stellen muss: die geringe Aufmerksamkeitsspanne der Nutzer. Ihm muss es gelingen, den User binnen der ersten drei Sekunden zu überzeugen. „Wenn ihn das Video dann nicht anspricht, ist er weg", weiß Oliver Albrecht.

Drei Minuten dauern die Videos im Schnitt. Das bedeutet auch, dass er Bildmaterial von einer Stunde und mehr, von 20 Terrabyte und mehr auf ein Minimum kürzen muss. Er muss die Quintessenz, das Einzigartige beim Schneiden herausarbeiten.
„Und das ist tatsächlich bei weniger Material schwieriger als bei sehr viel Material." Das Ergebnis ist im Idealfall ein Film, der beim Betrachter am Ende das Gefühl auslöst: Oh, ist es schon vorbei. Es dürfe also keine Langeweile aufkommen.

Auch wenn soziale Medien besondere Herausforderungen an die Inhalte stellten, hält Oliver Albrecht Facebook, Instagram und Co. im Hinblick auf die Inszenierung und Steigerung des Bekanntheitsgrads für ausgesprochen wichtig – denn sie bieten die Möglichkeit der kostenlosen Vermarktung und sie gewährleisten in den meisten Fällen eine relativ hohe Reichweite.

Doch weil die sozialen Medien nun mal anders funktionieren als andere Plattformen wie beispielsweise die eigene Homepage oder der eigene Youtube-Kanal, sei es wichtig, im Vorfeld die Zielgruppe klar zu definieren: Wen möchte ich mit welcher Botschaft erreichen und wie möchte ich diese Menschen erreichen? Das Publikum, das den Weg auf die eigene Homepage finde, sei ein anderes als das, das beim Scrollen auf Facebook und Co. auf die Publikation stoße. Entsprechend anders müssten auch die Inhalte aufbereitet sein: Facebook ist, wie bereits erwähnt, gleichzusetzen mit einer geringen Aufmerksamkeitsspanne, es ist aber auch wahrscheinlich, dass man mit Facebook viele potenzielle Neukunden erreicht, die noch über wenig Kenntnisse über die dargestellte Person oder das dargestellte Unternehmen wissen. Anders sei es bei den Menschen, die sich ein Video auf der Homepage anschauen würden. Denen müsse man mit einem anderen Content begegnen. „Ich liefere also die Produkte entsprechend der Intention. Und über die sollte man sich im Vorfeld auf jeden Fall im Klaren sein", sagt Oliver Albrecht.

Generell sieht er im Bewegtbild und damit in Videos den Vermarktungsmarkt der Zukunft. Seiner Meinung nach funktionieren die klassischen Marketingmethoden im digitalen Zeitalter nicht mehr so gut wie früher. „Das Bewegtbild wird in den kommenden fünf Jahren ein entscheidender Faktor, wenn es um Sichtbarkeit geht. Wer da nicht mitmacht, kann einpacken“, so die deutlichen Worte des Experten.

Fazit: Dem Bewegtbild gehört im Zeitalter der Digitalisierung die Zukunft. Dabei ist es wichtig, sich oder das Unternehmen authentisch darzustellen und sich im Vorfeld darüber im Klaren zu sein, wen man mit seinem Film erreichen möchte: Neukunden bedürfen einer anderen Ansprache als Bestandskunden.

# AFM-Media - Mit Online-Marketing erfolgreich werden

Online Marketing ist in jedem Munde und wird heutzutage als der heilige Gral angepriesen. “Mit Online Marketing kannst Du erfolgreich und reich werden.” Solche Phrasen tauchen sehr oft auf, nicht selten auch als Werbeversprechen. Doch stimmt das?

Die drei Gesichter der AFM Media GmbH, Alexander Bünk, Finn Korte und Marko Tomicic, sind die ersten Ansprechpartner, wenn es darum geht als Personenmarke, wie z.B. Coach, Speaker, Berater, Dienstleister, durch digitales Marketing das 6 bis 7-stellige Umsatzlevel pro Monat zu erreichen.

Sie stehen dazu, dass Online Marketing zu sehr “gehyped” wird und digitales Marketing nur neue Vertriebs- und Marketingwege eröffnet. Durch die verschiedenen Kontaktpunkte auf dem Smartphone, dem Tablet und dem PC sind wir regelmäßig online und stoßen viel häufiger auf Social Media-Posts, Werbeanzeigen und Videos. Es war noch nie so einfach, Inhalte schnell zu konsumieren. Deshalb ist Online Marketing so interessant und birgt enormes Potenzial. Doch wie definiert sich dann der Online-Erfolg?

Der “Schlüssel” zum Erfolg ist allerdings nicht, durch technische Maßnahmen möglichst häufig auf den Bildschirmen unserer Kunden zu erscheinen. Leider denken die meisten Menschen aber genau das. Sie denken, dass man garantiert Erfolg hat, wenn man nur auf jeder “relevanten” Plattform, wie Instagram, Facebook und YouTube präsent ist.

Viele setzen ihr Marketing aus diesem Grund viel zu kompliziert um, als es eigentlich ist. Erfolgreiches Marketing zeichnet sich lediglich durch zwei Punkte aus: Zielgruppenansprache und Message. Wie sprichst Du Deine Zielgruppe an und was verkörpert Dein Unternehmen?

Deswegen betiteln sich die drei Jungs, Alexander Bünk, Finn Korte und Marko Tomicic ungerne als “Online Marketer” oder “Social Media-Experten”, sondern als Marketer.

Es geht im Grund gar nicht um Sales Funnels, Neuromarketing oder Social Media. Es geht darum, ob Du richtig mit Deiner Zielgruppe kommunizierst, damit sie sich verstanden fühlt und was Dein Unternehmen verkörpert, damit sich Deine Zielgruppe mit Deinem Unternehmen identifizieren kann. Das ist Marketing. Online Marketing ist lediglich die günstigste Möglichkeit, um viele Menschen zu erreichen.

Social Media alleine wird Dich nicht reich machen. Deine perfekte Message in Kombination mit schnellen, einfachen und vor allem digitalen Konsum für den Nutzer macht Dich erfolgreich.

Scheitert es an der Zielgruppenansprache oder der Message, wird Dein Marketing nicht erfolgreich funktionieren. Deine Zielgruppe muss sich von Dir verstanden fühlen und sich mit Dir identifizieren können. Der Nutzer muss das Gefühl entwickeln, dass er gerne von Dir kaufen möchte. Gegeben ist dies allerdings nur, wenn Du ihn auf rationaler und emotionaler Ebene perfekt abholst und an die Hand nimmst. Sobald Du das Ziel erreicht hast, setzt Du erfolgreiches Marketing digital um.

Die Jungs empfehlen also, sich nicht vom Dschungel des Online Marketings überfordern zu lassen. Arbeite lieber daran eine funktionierende Message zu kreieren und zu prüfen, die mit Deiner

Zielgruppe resoniert und Dich vom Markt abhebt - sei einzigartig und merkwürdig. Merkwürdig sein, heißt nämlich nichts anderes als es würdig sein, sich zu merken.
Erst dann wirst Du sehen, wie Du mit geringstem Aufwand den größtmöglichen Erfolg online erreichen wirst. Falls Du nämlich online noch keine oder zu wenig Kunden gewinnst, liegt es garantiert an Deiner Message - Du holst Deine Zielgruppe einfach noch nicht ab.

# Ralf Schmitz - der einfache Einstieg ins Affiliatemarketing

Vom Handwerker zum Affiliate-König, der immer dem Licht hinterherreist und zwischen seinen Wohnsitzen in Florida, Köln und auf Mallorca pendelt. Diesen Weg ist Ralf Schmitz gegangen. Und er sagt, dass es gar nicht schwierig ist, solch einen Weg zu gehen – wenn man Zeit mitbringt und bereit ist, für dieses Ziel hart zu arbeiten. Ein Aspekt ist ihm aber mindestens genauso wichtig: zu verinnerlichen, dass Affiliatemarketing „das geilste und simpelste Business überhaupt" ist. Der Begriff „Affiliate" ist aus dem Englischen entlehnt und bedeutet Empfehlung. „Es ist also nichts anderes als Empfehlungsmarketing. Und das begegnet uns auch in der Offlinewelt ständig", weiß der Experte. So beispielsweise in Zeitschriften, in denen Prämien locken, wenn man Freunde oder Bekannte dazu bringt, ein Abo abzuschließen. Das Spektrum der Prämien reicht hier von einer Kaffeemaschine bis zu Einkaufsgutscheinen.

In der Onlinewelt sind die Prämien andere, das Prinzip ist allerdings das gleiche. Es geht nicht um Sachprämieren, sondern in der Regel um eine Provision. Zudem, und das ist ein weiterer Unterschied, kann Affiliatemarketing von beiden Seiten betrieben werden. Da gibt es zum einen den Hersteller eines Produktes, den sogenannten

Vendor, dessen Produkt beworben werden kann und der für jeden über eine Empfehlung getätigten Verkauf die Provision auszahlt. Und da gibt es zum anderen den Affiliate, der das Produkt aktiv bewirbt und dafür entsprechend honoriert wird. Der große Vorteil hierbei: Man kann den Job überall auf der Welt ausüben und kann arbeiten, wann man möchte.

Der Einstieg ist laut dem Experten jederzeit und ohne große Voraussetzungen möglich. Es bedarf erst einmal keiner eigenen Homepage, sondern lediglich eines Facebook-Accounts oder ähnlichem. In einem ersten Schritt sei es wichtig, sich ein Produkt auszusuchen, das man selbst gut kenne, im Idealfall sogar selbst in Gebrauch habe, beispielsweise ein Küchengerät. Dieses Produkt sei in der Regel auch über Amazon zu beziehen. Hier müsse man sich in einem nächsten Schritt für das Affiliateprogramm anmelden. „Man bekommt direkt im Anschluss einen Partnerlink zugesendet. Das ist alles kostenlos und mit wenigen Klicks erledigt“, weiß Ralf Schmitz. Schritt drei sei es, das Produkt herauszusuchen, für das man sich entschieden habe, und den entsprechenden Link auf der eigenen Facebookseite als Kaufempfehlung zu posten. Mit Hilfe dieses Links kann Amazon nachverfolgen, über welchen Affiliate das Produkt gekauft wurde.

Sinnvoll und wichtig sei es, das Produkt mit einem kurzen, persönlichen Text zu präsentieren, in denen die Vorteile aufgelistet werden. Weil Ehrlichkeit von potenziellen Kunden immer geschätzt wird, sei es zudem gut, auch auf die Nachteile einzugehen. „Und schon hat man den ersten Schritt ins eigene Business getan“, so der Experte. Er selbst wie auch viele andere Affiliates leben mittlerweile gut von diesem Business. Auch deswegen, weil beide Seiten enorm voneinander profitieren und weil beiden Seiten daran gelegen ist, den jeweils anderen maximal zu unterstützen. Eine Vielzahl von großen Unternehmen sei mittlerweile ist Affiliatemarketing eingestiegen, weil auch sie festgestellt hätten, dass eine persönliche Empfehlung sich viel leichter in einen Kauf verwandeln lässt als es mit Kaltakquise möglich ist. „Es ist mittlerweile zu einem Milliardenmarkt mit Wachstumsraten von 20 bis 30 Prozent geworden“, sagt Ralf Schmitz.

Das richtige Mindset sei im Affiliatemarketing allerdings auch wichtig, um erfolgreich sein zu können. So habe er immer wieder das Gefühl, dass die Menschen denken würden: So einfach kann es nicht sein. Um es dann mit Absicht kompliziert zu machen – und am Ende zu scheitern. Es gehe eben nicht darum, das Rad neu zu erfinden. Strategie, Technik, die entsprechenden Plattformen, das alles sei bereits vorhanden. Es gehe nur darum, sich daraufzusetzen und mitzulaufen. Es sei kein Problem und vielleicht sogar förderlich, beim Marketing querzudenken, aber es sei nicht nötig, die Grundlagen infrage zu stellen.

Mit der ersten geposteten Empfehlung sei man natürlich noch nicht drin im Business, aber es sei der erste Schritt. Entscheidend für den Erfolg sei es, dass man sich stetig weiterentwickele, eine eigene Webseite erstelle, die Marketingmöglichkeiten auslote. Das sei ein Prozess. Ein Prozess übrigens, an dem viele nach Ansicht des Experten schon scheitern, weil sie kein Durchhaltevermögen an den Tag legen und sich nicht dahinter klemmen.

Rund ein Jahr dauere es, bis man mit dem Affiliatemarketing so erfolgreich sei, dass man seinen Job kündigen könne. Diejenigen, die denken, dass dies in wenigen Tagen oder Wochen möglich sei, die seien quasi zum Scheitern verurteilt. Wer den eigenen Lebenslauf betrachte, der sehe schnell, dass es viele Jahre gedauert habe, bis man das erste Einkommen verbuchen konnte. Kindergarten, Schule, Ausbildung oder Studium – und dann meist erst einmal ein Gehalt auf relativ geringem Niveau. Das sei ein Prozess von vielen Jahren. Und im Vergleich dazu komme man mit Affiliatemarketing schnell in den Verdienst. Dazu sei es aber wichtig, nicht nur die Zeit abzusetzen, sondern auch tatsächlich in die Umsetzung zu kommen.

Auch den regelmäßigen Austausch zwischen Affiliate und Vendor hält Ralf Schmitz für unerlässlich. Ein Vendor müsse dafür sorgen, dass die Affiliates etwas verdienen – indem man sie regelmäßig motiviere und ihnen ein gutes Produkt sowie eine gute Homepage biete und sie mit Tipps versorge. Im Laufe der Zeit kristallisierten sich die Top-Verkäufer heraus, die – alleine in seinem Fall – Umsötze von 100.000 Euro jährlich generierten.

Fazit: Der Einstieg ins Affiliatemarketing ist jederzeit und ohne große Hürden möglich. Zum Start kann man sich ein Produkt auswählen und dieses auf der eigenen Homepage bewerben. In einem nächsten Schritt ist es allerdings wichtig, den eigenen Online-Auftritt zu professionalisieren und eigene Marketingstrategien zu entwickeln. Es dauert etwa ein Jahr, bis man so viel verdient, dass man von den Einnahmen leben kann.

## Dawid Przybylski - mit Affiliate-Marketing zum Erfolg

Wenn es um das Thema Affiliate-Marketing geht, dann führt praktisch kein Weg an Dawid Przybylski vorbei. Er ist Top-Experte auf dem Gebiet des sogenannten Empfehlungsmarketings im Internet – für ihn die beste Möglichkeit, um viel Geld zu verdienen, ohne vorher große Investitionen tätigen zu müssen und ohne an einen Ort gebunden zu sein. „Man ist sein eigener Chef und kann selbst bestimmen, welche Produkte man vermarkten möchte“, nennt er einen weiteren Vorteil. So sei es beispielsweise sinnvoll, sich für diejenigen Produkte beziehungsweise Dienstleistungen zu entscheiden, mit denen man sich selbst identifizieren könne und mit denen man noch dazu eine hohe Reichweite generiere. Der Grundsatz hinter Affiliate-Marketing ist folgender: Man empfiehlt etwas (auf der eigenen Homepage, bei Instagram, Facebook und Co.), das ein anderer aufgrund dieser Empfehlung kauft. Dafür erhält man dann eine Provision. Dadurch, dass gerade im Internet eine enorme Reichweite erzielt werden kann, ist diese Möglichkeit der Einnahmengenerierung sehr lukrativ.

Um tatsächlich viele Menschen ansprechen zu können, ist es wichtig, ein großes virtuelles Netzwerk, also beispielsweise viele Follower, zu haben. Wer über einen gewissen Bekanntheitsgrad verfügt, der hat also zunächst einmal bessere Voraussetzungen als derjenige, der noch relativ unbekannt ist. „Man kann sich dieses Netzwerk allerdings auch aufbauen und es stetig erweitern", weiß der Experte. Das sei beispielsweise dadurch möglich, dass man sich in den Gruppen und Foren bzw. auf den Seiten bewege, auf denen sich viele User tummelten, die sich mit dem beworbenen Produkt identifizieren könnten und dadurch als mögliche Käufer infrage kämen.

Zunächst einmal sei es allerdings wichtig – und dieser Schritt ist laut Dawid Przybylski der erste – sich auf Produkte und Dienstleistungen festzulegen, die man bewerben möchte. Eine hohe eigene Identifikation mit dem Produkt sei enorm wichtig. So bringe es beispielsweise nichts, Katzenfutter zu bewerben, wenn man selbst keine Katzen mag. Verschiedene Affiliate-Netzwerke können dabei helfen, das passende Produkt zu finden. Hierzu gehören Digistore24, Superclix, Zanox, Awin, Clickbank oder Tradedoupler, in denen zahlreiche Unternehmen und Dienstleister mit übersichtlichen Verzeichnissen gelistet sind. Hier erhält man anschließend einen personalisierten Affiliate-Link mit einer Kennzeichnung, den man auf der eigenen Plattform, also Homepage, Instagram und Co. einpflegen kann. In der Regel sind hier auch Werbebanner, Fotos und Beschreibungen hinterlegt, die ebenfalls für die Bewerbung des Produkts frei verwendet werden können. Mit Hilfe des Links kann später nachvollzogen werden, aufgrund wessen Empfehlung das Produkt oder die Dienstleistung verkauft wurde. Zudem kann man anhand des Links später nachvollziehen, über welche der Plattformen das Produkt verkauft wurde. Das ist deswegen hilfreich, weil man so einen Überblick darüber hat, welche der genutzten Seiten sich als besonders lukrativ erweist und weiter beziehungsweise intensiver gepflegt werden sollte. Möchte man ein Produkt empfehlen, das noch nicht auf einem der Netzwerke gelistet ist, besteht zudem die Möglichkeit, sich direkt an das Unternehmen zu wenden.

Ein geeignetes Instrument zur Empfehlung von Produkten ist Facebook. Hier kann man gezielt Werbung platzieren und diese nach Klicks bezahlen. Voraussetzung hierfür ist eine Fanseite, auf der man jeden Post mit dem sogenannten Campainkey tracken kann. Hier wird dann differenziert zwischen dem Post, der veröffentlicht und somit für alle auf der Seite sichtbar ist, und dem Post, der nur im Werbekonto sichtbar ist (Dark Post).

Beim Schalten bezahlter Werbung müssen Ausgaben und Einnahmen immer in einem positiven Verhältnis zueinanderstehen. Sprich: Es ist wenig sinnvoll, mehr für die Platzierung der Werbung an Facebook zu bezahlen als man am Ende durch Empfehlungen einnimmt. Deswegen rät Dawid Przybylski dazu, immer eine Gewinnspanne einzuplanen: Wer für eine Empfehlung beispielsweise 50 Euro erhält, der sollte für die Werbung maximal 20 Euro ausgeben.

Um die User zu erreichen, die man erreichen möchte, kann man im Vorfeld über Facebook seine Zielgruppe genau definieren: die Custom Audience. Diese wird von Facebook anhand von Kundendaten, Webseitenbesuchen und anderen Quellen erstellt. Zudem besteht die Option, Standort, Alter, Geschlecht und Sprache genau festzulegen und diejenigen Nutzer einschließen, deren Profil genau definierte Schlagwörter aufweist.
Eine andere, ebenfalls sehr effektive Herangehensweise ist laut dem Experten die des Rückwärtstargetings. Hierzu kann man die Webseiten von Wettbewerbern besuchen, der Produkte empfiehlt, die identisch zu den eigenen sind oder diesen sehr nah kommen.

Hier lohnt es sich zu schauen, wer die Produkte geliked oder kommentiert hat. Ein Blick auf mehrere Profile gibt Rückschlüsse auf Alter, Berufsbezeichnung etc., was wichtig ist, um die eigene Zielgruppe definieren zu können.

Im nächsten Schritt sollte ein Video zum Thema Online-Marketing erstellt und online gestellt werden. Wer sieht sich dieses Video an? Wen sprichst du mit diesem Thema an? Die sogenannte Custom Audience, also diejenigen, die sich das Video bis zum Ende angeschaut und somit Interesse an Online-Marketing signalisiert haben, kann abgespeichert werden. Anschließend kann man Facebook damit beauftragen, dieser Custom Audience Werbung zum Affiliate-Produkt zu zeigen. Parallel dazu besteht die Möglichkeit, Facebook die Daten zur Verfügung zu stellen, damit dort sogenannte Zwillinge aufgelistet werden. Das sind diejenigen, die grob die gleichen Interessen aufweisen wie die User, die sich das Video zu Teilen oder bis zum Ende angesehen haben.

Um eine maximale Reichweite zu generieren, ist es sinnvoll, verschiedene Zielgruppen mit verschiedenen Anzeigen zu bedienen, um herauszufinden, welche Anzeige bei welcher Zielgruppe am besten funktioniert.

Laut Dawid Przybylski eignet sich das Affiliate-Marketing für jeden, auch für Speaker, Berater oder Coaches, die eigentlich in erster Linie selbst Wissen transportieren und auf den Bühnen zuhause sind. So ist beispielsweise die Vermittlung von Hotels oder von Bahntickets möglich, wenn jemand ein Ticket für eine der Veranstaltungen bucht. „Affiliate-Marketing ist ein Milliardengeschäft und es bietet jedem die Möglichkeit, an einem Kunden mindestens 70 bis 100 Euro mehr zu verdienen, ohne einen zusätzlichen Aufwand zu haben“, so der Experte.

Fazit: Affiliate-Marketing bietet jedem die Möglichkeit, (zusätzliche) Einnahmen durch die Empfehlung von Produkten und

Dienstleistungen zu verdienen. Hierzu ist kein Kapital nötig, es braucht lediglich eine gewisse Reichweite, die mit Hilfe von Facebook und Co. generiert werden kann, sowie ein Produkt, mit dem man sich selbst identifizieren kann. Verschiedene Plattformen helfen bei der Suche nach dem geeigneten Produkt. Wird dieses dann aufgrund der eigenen Kaufempfehlung von einem anderen User erworben, erhält man eine Provision.

## Jens Neubeck - Amazon- Kindle als Chance nutzen

„Während die einen sich fragen, was ihnen die Zukunft bringt, gestalten die anderen ihre Zukunft selbst. Mach‘ Dir die Welt, wie sie Dir gefällt.“ Das könnte der Leitspruch von Top-Affiliate Jens Neubeck sein. Doch auch sein Weg zu diesem Status war oft steil, steinig und mit zahlreichen Hindernissen bestückt. Heute, viele Erfahrungen und Versuche später, sagt er: „Internet ist eigentlich einfach, wenn wir es einfach halten.“

Seine These: Man benötigt für die ersten Kunde keine Mailing-Liste, keine Homepage, sondern man muss lediglich eine kostenlose Google-Werbeanzeige schalten, um in den Top 10 gelistet zu sein und täglich von mehreren tausend Partnern empfohlen zu werden. Dank eines Word-Dokuments und eines Bildes. Oder anders: Dank eines sogenannten EBooks oder Kindles.

Genau diese Strategie hat Jens Neubeck dazu gebracht, zusammen mit einem Partner das Unternehmen „Sales Angels“ zu gründen, mit dem er mittlerweile sechs Bestseller auf den Markt gebracht und mehr als 2500 Kunden generiert hat.

Das Konzept hinter diesem Erfolg ist laut dem Experten einfach und lässt sich in sechs Schritte unterteilen:

**Schritt 1:**Entscheide Dich für ein relevantes Keyword, das auch von Deiner Zielgruppe gesucht wird. 95 Prozent der Menschen beginnen ihre Suche bei Google – und genau die von ihnen eingegebenen Keywords (Suchbegriffe) gilt es zu finden. Um die Top 10 herauszufinden, kannst Du Dich entweder des kostenlosen Keyword-Planers von Google oder des W-Fragen-Tools www.answerthepublic.com bedienen.

**Schritt 2**: Überlege Dir, welche Emotion hinter Deinem Hauptkeyword steckt. Sprich: Welche Emotionalisierung steckt bei dem Suchenden dahinter, wenn er dieses Wort in der Google-Suchfunktion eingibt?

Ein Beispiel veranschaulicht diese Emotionalisierung gut:

**Welches Problem hat der potenzielle Kunde, wenn er das Hauptkeyword „Burnout" eingibt?**

- Er ist komplett ausgebrannt
- Alles ist ihm zu viel
- Er verspürt keine Kraft mehr
- Er ist demotiviert und weiß nicht, wie er aus seinem Loch kommt
- Er ist körperlich und geistig müde

**Wenn der potenzielle Kunde dieses Problem nicht gelöst bekommt, welche Frustration entsteht?**

- Er fühlt sich wertlos und zu nichts zu gebrauchen
- Er legte eine Alles-Egal-Einstellung an den Tag
- Es hat negative Auswirkungen auf Beziehung, Familie und Freunde
- Er zweifelt an sich und seinen Fähigkeiten

**Welches Ziel möchte der potenzielle Kunde erreichen, wenn er das Keyword „Burnout" eingibt?**

- Er möchte seine Motivation zurückerlangen

- Er möchte sich endlich wieder wohl in seiner Haut fühlen
- Er möchte nicht mehr ständig angespannt und gereizt sein
- Er möchte sein Potential entfalten mit Dingen, die ihm Freude bereiten
- Kurzum: Er ist auf der Suche nach konkreter Hilfe

**Wenn der Kunde dieses Ziel erreicht, welche Freude entsteht?**

- Anerkennung
- Schaffenskraft
- Das Gefühl, Bäume ausreißen zu können
- Er fühlt sich wohl in seinem Körper

**Schritt 3:**Schreibe in Word oder einem anderen Textverarbeitungsprogramm einen 30-seitigen Problemlösungsratgeber zu dem Thema, bei dem Du Experte bist. Streue hier immer wieder die vorher ermittelten Keywords ein. Wichtig hierbei ist, dass die den Lesern aufzeigst, was die Lösung für ihr Problem ist. Die Umsetzung, also das Wie, lässt Du erst einmal offen. Lasse anschließend ein hochwertiges und professionelles Cover erstellen.

**Schritt 4:**Mit Deinem ersten EBook kannst Du nun Autor bei Amazon Self Publishing (KDP) werden. Warum Amazon? Ganz einfach: Amazon ist einer der Internet-Giganten, der bei Google mehrere tausend Keywords besetzt und der ein großes Interesse daran hat, dass Dein Kindle heruntergeladen wird. Dieses Kindle bietet Dir die Möglichkeit, dort einen klickbaren Link auf Deine Webseite, Deinen Terminkalender oder Dein Produktangebot einzufügen. Und dieser Link führt dann zu der Umsetzung der Lösung. 82 Prozent der Menschen lesen das Kindle bis zum Ende. Somit bauen sie eine enorme Beziehung zu Dir als Autor auf. Außerdem verdienst du bereits Geld mit jedem Verkauf Deines Kindle (Tantiemen von Amazon, Entlohnung dafür, dass du Autor bist).

**Schritt 5:** Jetzt wird aus Deinem ersten Werk ein Bestseller, damit Du die Bekanntheit erhöhst. Das funktioniert am besten mit Amazon-Anzeigen. Hierzu kannst Du die Tantiemen aus den bisherigen Kindle-Verkäufen nutzen und diese in Amazon-Ads reinvestieren. machst du das mit Amazon Anzeigen. Dadurch ist gewährleistet, dass Du für Werbung kein eigenes Geld aufbringen musst und dennoch den Umsatz steigern kannst.

**Schritt 6:**Neben der Erhöhung Deiner Bekanntheit und dem Strom an neuen Besuchern gibt es weitere Vorteile, auf die Du nicht verzichten solltest.

- Amazon schaltet kostenlose Google-Adword-Anzeigen für Dein Werk
- Amazon platziert Dich in den Top-Suchergebnissen in unterschiedlichen Suchmaschinen
- Amazon schreibt täglich Mails in Deinem Namen
- Amazon „verfolgt" die Besucher, die nicht gekauft haben
- 1000 Amazon-Partner werden für dich aktiv
- Kostenlose Links im Kindle einfügen

Das ist durch die Arbeitsweise von Amazon möglich: Die Plattform besetzt sehr viele Keywords bei Google und lernt so seine Kunden besser kennen als diese sich selbst kennen. Noch nie war Kundengewinnung mittels Online-Marketing einfacher als heute. Du musst die Strategie nur umsetzen.

Fazit: Im Online-Zeitalter ist es einfacher denn je, sich und seine Produkte zu vermarkten und seine Publikation zu einem Bestseller zu machen. Wichtig ist, dass man sich eines Themas annimmt, das für seine Zielgruppe relevant ist, dass man im Vorfeld die Keywords klar definiert und dass man die vielen Vermarktungsmöglichkeiten, die einem die Plattform Amazon kostenlos bietet, auch optimal nutzt.

# Sven Platte - Herausforderungen im Zeitalter der Digitalisierung

Sven Platte bietet mit dem Konzept von Digistore Lösungen zum Vertrieb von Produkten und Dienstleistung, die so im europäischen Raum vermutlich noch keiner geboten hat. Ursprünglich hatte er ein Zahnmedizinstudium absolviert, allerdings schon in einer frühen Phase an der Universität gemerkt, dass seine Leidenschaft das Unternehmerische ist. Also beschäftigte er sich immer dann, wenn die Zeit da war, mit allen Themen rund um das Unternehmertum – und legte seinen Fokus hierbei auf Online-Marketing. Er beendete sein Studium zwar, schlug dann aber einen komplett anderen Weg ein, probierte sich im Network-Marketing, im Bereich Versicherungen und begann dann, Ebooks zu verkaufen. „Es war magisch. Ich konnte ein Geschäft mit echten Kunden und Werbung aufsetzen, die Menschen haben bei mir gekauft und der komplette Prozess lief online ab“, erinnert sich Sven Platte. Er baute sein Business weiter aus, merkte aber schnell, dass er im Hinblick auf die Voraussetzungen schnell an Grenzen stieß. In der Anfangsphase bediente er sich noch der deutlich weiter entwickelten amerikanischen Plattformen, die allerdings nicht für den deutschen Markt ausgelegt worden. Also machte er sich daran, eine eigene Plattform umzusetzen, die alle Voraussetzungen lieferte, einen Verkauf komplett darüber abzuwickeln – von der Werbung bis zur Meldung der Zahlen ans Steuerbüro. Die Idee für Digistore24 war geboren.

„Ich habe alles Geld zusammengenommen und alles auf eine Karte gesetzt. Auch, weil ich von der Idee so überzeugt war.“ Tatsächlich bietet die Plattform mittlerweile jedem – egal ob kleiner Hobbyschreiber oder großes Unternehmen – die Möglichkeit, unkompliziert die eigenen Produkte und Dienstleistungen zu vertreiben. „Wer ein Produkt online verkaufen möchte, der muss viele Dinge beachten, es ist ein Prozess, bei dem ein Rädchen ins andere greifen muss, damit alles reibungslos funktioniert", weiß der Experte. Das alles übernimmt die Plattform Digistore und nimmt damit dem Verkäufer nahezu die komplette Arbeit ab. Zahlungsanbieter werden eingebunden, die Produkte ausgeliefert, Rechnungen und anschließend auch, wenn nötig, Mahnungen geschrieben, die Zahlvorgänge komplett abgewickelt und die Steuer entsprechend aufgeführt und gemeldet. Es läuft also alles automatisiert ab. Und es richtet sich nicht nur an diejenigen, die Online-Produkte und -Dienstleistungen vertreiben möchten, sondern auch an diejenigen, die Offline-Events anbieten möchten: Seminare oder Coachings können ebenfalls beworben und komplett abgewickelt werden. Jeder Nutzer hat ein Konto, auf dem der entsprechende Betrag gutgeschrieben und anschließend wöchentlich ausgezahlt wird.

Gerade in der disruptiven Phasen, in der der Markt sich aktuell befindet – auf der einen Seite gibt es zahlreiche traditionelle Unternehmen, von denen viele noch nicht oder nur in geringem Umfang im digitalen Zeitalter angekommen sind, auf der anderen Seite gibt es neue Unternehmen, die ihre Möglichkeit im Online-Markt sehen und die den bestehenden Firmen viele ihrer Kunden „abluchsen" – sei es wichtig, sich zu positionieren und die Chancen und Herausforderungen, die die Digitalisierung mit sich bringt, zu ergreifen beziehungsweise sich ihnen zu stellen.

Sven Platte ist überzeugt davon, dass nur die am Markt bestehen können, die mit dem digitalen Wettbewerb Schritt halten können und dass es am Ende wenige, dafür aber sehr erfolgreiche Firmen geben wird. Er möchte aber auch gerade die inspirieren, für die der Online-Handel aktuell noch das sprichwörtliche Buch mit sieben Siegeln ist. Dadurch, dass das Internet viele Aufgaben abnimmt, bleibt Zeit, um sich intensiv um die Stammkunden zu kümmern und gleichzeitig neue Kunden zu generieren.

„Ich denke, es muss hier ein generelles Umdenken stattfinden. Es ist ja nicht so, dass man ausschließlich haptische Produkte im

Internet platzieren und verkaufen kann. Es ist auch eine wunderbare Plattform, um Informationsprodukte zu präsentieren und sich als Experte in seinem Gebiet zu positionieren." So bestehe selbst für Putzunternehmen die Möglichkeit, Kurse online anzubieten oder Videos zu posten, beispielsweise, wie man empfindliche Oberflächen optimal reinigt. „Ich kann etwas und ich zeige es." Dadurch müsse man sich künftig nicht mehr auf die lokale Nähe begrenzen, sondern könne im kompletten deutschsprachigen Raum agieren. Man könne ganz neue Kundenbeziehungen aufbauen und Folgeaufträge generieren.

Durch die lokale Ungebundenheit und die enorme Reichweite ist es laut Sven Platte auch denjenigen möglich, einen großen Kundenstamm aufzubauen, die nur ein Nischenprodukt anbieten. „Durch Digistore kann man diese Nische hochskalieren und die Menschen deutschland- und vielleicht sogar weltweit erreichen."

Seine Botschaft an den Mittelstand: „Dieser trägt in Deutschland die Wirtschaft, stellt die Arbeitsplätze bereit und trägt damit auch die Gesellschaft. Nehmt das Thema Digitalisierung ernst und verschließt euch nicht davor." Es gebe immer mehr Tools, die einem dabei helfen würden, die technischen Hürden zu nehmen. „Es ist die beste Versicherung gegen Altersarmut, sich online gut aufzustellen."

Fazit: An den Themen Online-Marketing und Online-Vertrieb kommt keiner vorbei, der sich fit für die Zukunft machen möchte. Auch traditionellen Unternehmen sollten die Chancen, vor allem im Hinblick auf die Reichweitengenerierung sehen, die der Onlinemarkt bietet.

# Thomas Klußmann - online und offline in Einklang bringen

Wenn man ins Internet geht, kommt man an diesem Mann nicht vorbei. Thomas Klußmann bietet online nicht nur zahlreiche Produkte, sondern auch Dienstleistungen und Events wie beispielsweise Kongresse an. Offline ist er zudem als Veranstalter der Conversion and Traffic Conference, kurz Contra, in Düsseldorf aktiv. „Das alles hat sich im Laufe der Jahre entwickelt“, berichtet Thomas Klußmann. Der Startschuss für sein eigenes Business im Bereich des Online-Marketing war im Jahr 2010 gefallen, als er sich zum ersten Mal – damals noch im Angestelltenverhältnis – mit den Themen Facebook und Social Media beschäftigte. Das waren Zeiten, in denen solche Netzwerke in Deutschland gerade erst aufkamen und noch kaum jemand sich vorstellen konnte, dass diese einmal zu Plattformen werden würde, die man für Marketing nutzen könnte. „Ich habe mich schon ganz früh damit beschäftigt und schnell meine Leidenschaft hierfür entdeckt.“ Und er hatte den richtigen Riecher – denn heute stellt keiner mehr infrage, dass Social-Media-Kanäle für Marketingzwecke genutzt werden können.

Thomas Klußmann selbst nutzte in der Anfangszeit die Chance, die Plattform gruender.de von seinem damaligen Chef zu übernehmen – und am Markt zu etablieren. Zusammen mit zwei Kollegen gründete er eine GmbH und startete in einem kleinen Dorf nahe Paderborn in einem zwölf Quadratmeter großen Büro sein erstes Business. Seine Zielgruppe: Unternehmensgründer, die er gerade in der Startphase mit Hilfe von digitalen Produkten wie EBooks, Webinaren und Seminaren förderte. Mittlerweile hat er mehr als eine Million Besucher auf seiner Plattform – und hat ein deutlich größeres Büro in Köln bezogen.

Irgendwann merkte der Unternehmer allerdings, dass es nicht ausreicht, nur online präsent zu sein. Dass man, gerade wenn man als Experte wahrgenommen werden möchte, auch offline aktiv sein muss. Deswegen kamen auch mehrere Offline-Formate dazu – und im Laufe der Zeit wurden die Synergien zwischen online und offline immer größeren. Das sieht Thomas Klußmann ohnehin als eine der großen Herausforderungen für alle Unternehmer: die beiden Welten optimal zusammenzuführen und den Nutzen beider optimal für sich herauszustellen. Er nennt ein Beispiel dafür, wie das funktionieren kann: Die Contra in Düsseldorf, die klein und als reines Offline-Event startete, ist mittlerweile auch online erlebbar. Interessierte, die – aus welchen Gründen auch immer – nicht vor Ort sein können, haben die Möglichkeit, einen sogenannten Online-Zugang zu erwerben. Durch zahlreiche Kameras können sie so auch am Laptop oder Handy live dabei sein – ohne wirklich vor Ort sein zu müssen. „Aber man muss auch bedenken, dass wir die Contra mittlerweile schon zum siebten Mal ausrichten, bis wir derart professionell ausgerichtet waren, wie wir es heute sind, war es ein langer Prozess. Wir haben uns von Jahr für Jahr verbessert." Auch er selbst habe Dinge in Angriff genommen, die nicht funktioniert hätten. „Selbst bei uns ist nicht alles Gold, was glänzt. Aber das sehen die Menschen nicht. Sie sehen nur den erfolgreichen Unternehmer. Nicht aber die Rückschläge, nicht den langen Weg dorthin."

Auch das gibt er denjenigen mit, die selbst diesen Weg einschlagen möchten. Er lässt andere von seinem enormen Erfahrungsschatz profitieren. So sagt er beispielsweise auch, dass es nicht ausreicht, EBooks zu publizieren, um als Experte wahrgenommen zu werden. Auch hier sei es enorm wichtig, die reine Onlinewelt zu verlassen, um in der Offlinewelt etwas Haptisches zu schaffen: ein echtes Buch. Hier hat Thomas Klußmann ebenfalls Wege gefunden, die beiden Welten miteinander zu verbinden – indem er einer der Ersten war, die in Deutschland das sogenannte Free-Plus-Shipping eingeführt haben. Hierbei werden Bücher praktisch verschenkt – die Nutzer müssen lediglich die Herstellungs- und Transportkosten übernehmen und hinterlassen im Gegenzug ihre E-Mailadresse, wodurch die Möglichkeit besteht, dass man für weitergehende Seminare, Kurse oder Produkte werben kann. „Diese Sache wird in meinen Augen noch massiv unterschätzt." Der Mehrwert sei enorm groß, weil man auf diese Weise die Zielgruppe deutlich erweiterte und sowohl diejenigen erreiche, die vorwiegend online aktiv sind, als auch diejenigen, die eher offline agieren.

Da diejenigen, die der letzten Gruppe angehören, zukünftig immer weniger werden – es wächst eine digitale Generation heran – führe für niemanden, der sichtbar sein wolle, kein Weg an einem Onlineauftritt vorbei. „Ich bin beispielsweise nach Köln gezogen und habe mich dort überhaupt nicht ausgekannt. Und wo suche ich nach einem Frisör, einem Arzt, einem Restaurant? Natürlich im Internet. Und wer dort bei Google nicht anzeigt wird, der existiert quasi nicht.“ In einem zweiten Schritt sei es wichtig, sich eine Social-Media-Plattform auszusuchen, auf die man den Fokus lege. Hier müsse man von den persönlichen Präferenzen ausgehen: Youtube für diejenigen, die im Bereich Video zuhause sind, Instagram für die, die eine Mischung aus Fotos und Videos bevorzugen und sich vor allem an eine junge Zielgruppe wenden, Google für diejenigen, die gerne und viel Text schreiben. „Natürlich kann man überall etwas machen, aber man sollte sich einen Kanal aussuchen, den man bevorzugt bespielt“, sagt der Experte.

Fazit: Um sich als Unternehmen und Unternehmer für die Zukunft bestmöglich zu rüsten, ist es wichtig, sowohl online als auch offline aktiv zu sein und beide Welten miteinander zu verknüpfen. Wer als Experte auf seinem Gebiet wahrgenommen werden möchte, darf die Offlinewelt nicht außen vorlassen und sollte beispielsweise ein Buch publizieren, das er sogar im Eigenverlag veröffentlichen und dann – gegen Porto und Herstellungskosten – verschenken kann, um auf diese Weise E-Mailadressen zu generieren, mit deren Hilfe man für andere Produkte und Dienstleistungen werben kann.

# Weitere Erfolgsfaktoren

Der Aufbau einer Marke, das richtige Mindset, die Positionierung am Markt und die Generierung von Reichweite - das sind zweifelsfrei unfassbar wichtige Aspekte, um erfolgreich zu sein. Doch es gibt noch weitere, weiche Faktoren, die Dir dabei helfen können, dass Du zu einem echten Durchstarter wirst - und es auch dauerhaft bleibst. Dazu zählt beispielsweise der richtige Umgang mit Deinen Kunden. Bernhard Reindl ist hier der Experte, wenn es darum geht, den Kundenservice derart zu optimieren, dass er sogar überflüssig wird. Mit dem Thema Leichtigkeit beschäftigt sich Influencerin Chrissi Joy. Sie zeigt Dir auf, wie Du es schaffst, ins positive Denken zu kommen.

## Bernhard Reindl – Ein Mann hat den Kunden im Blick

Den Kundenservice zu revolutionieren, das ist das Ziel von Bernhard Reindl. Genau genommen sagt der Inhaber einer Hamburger Consulting Agentur, dass es das Bestreben jedes Unternehmens sein müsse, den Kundenservice komplett abzuschaffen – indem die Prozesse und Abläufe derart optimiert werden, dass kein Service mehr nötig ist, beispielsweise durch ein Produkt oder eine Dienstleistung, die bis zum Ende gedacht ist.

Dies alles werde dadurch möglich, dass man nah dran sei am Kunden und nicht service-, sondern lösungsorientiert arbeite. Und diese Vorgehensweise sei genau das Gegenteil von dem, was aktuell in den meisten Branchen stattfinde. Es habe sich eine Serviceindustrie entwickelt, bei der der Kunde anrufe und das Gefühl vermittelt bekomme, er sei in einem Callcenter gelandet. Das führe dazu, dass er unglücklich mit dem Unternehmen sei, weil er mit der Callcenter-Mentalität negative Assoziationen habe und sich nicht ausreichend betreut und wertgeschätzt fühle. Dies wiederum wirke sich negativ auf den Mitarbeiter aus, wodurch eine lose-lose-Situation entstehe – die letzten Endes von keinem gewünscht und angestrebt werden könne.

Erster Schritt heraus aus dieser Servicefalle sei es, sich in die Welt des Kunden zu versetzen. Dessen Wunsch sei es, wie gesagt, immer, dass er überhaupt keinen Service mehr beanspruchen müsse, weil das Produkt oder die Dienstleistung maximal zufriedenstellend ist. Kundenzentrierte Unternehmen nennt Reindl die Firmen, die bereits dabei sind, ihre Prozesse zu verbessern oder diese bereits verbessert haben. „Hier sind die Prozesse tatsächlich so gut, dass kein Service mehr nötig ist oder der Service ist so überragend, dass der Kunde dennoch begeistert ist.“ Diesen Status zu erreichen, ist seiner Meinung nach ein Prozess, der von ganz oben gelebt werden müsse, in den die Geschäftsführung also involviert sein und an dem beständig gearbeitet werden müsse – mit jedem Produkt, mit jedem Kunden, der den Service in Anspruch nehmen muss.

Schwierig wird es laut Reindl allerdings dann, wenn Unternehmen den Service abschaffen, ohne die Prozesse verbessert zu haben. Eine Beobachtung, die der Experte immer wieder macht und die zu bereits erwähnter lose-lose-Situation führen. Dabei sei es im digitalen Zeitalter besonders einfach, Daten von Kunden zu sammeln – und sich diese zunutze zu machen. „Oft wissen Unternehmen mehr über uns und unsere Bedürfnisse als wir selbst“, so Reindl. Und durch „Big Data“ sei es eben auch möglich, Voraussagen zu treffen, zu wissen, was die Anforderungen in vier, fünf Jahren sind.

Die Angst der Verbraucher spiele dabei nur eine untergeordnete Rolle, denn die sei im Bereich des Internets nur wenig ausgeprägt. Der Mensch wolle es in der Regel bequem haben, dass er dabei immer gläserner werde, sei für den Großteil deutlich weniger relevant. Die Möglichkeiten von Big Data führen laut dem Experten aber auch dazu, dass die Kundenansprüche immer weiter steigen. Hier setzten US-Unternehmen immer neue Standards, indem sie für den Kunden mitdenken würden und schon vor ihm selbst wüssten, was er brauche. In Deutschland hinke man hier noch hinterher. Dabei ist das mit- und vorausdenkende Unternehmen laut Reindl die Zukunft.

Den Kunden interessiere in dem Moment, in dem er eine Reklamation oder einen Umtausch tätigen müsse, nicht, wie ein derartiger Prozess bei einem Mitbewerber ablaufe, sondern nur, wie es sich für ihn bei dem Unternehmen anfühle, mit dem er aktuell im Austausch stehe. Schließlich assoziiere nahezu jeder mit einem Umtausch erst einmal etwas Negatives, etwas, das man lieber vermieden hätte, weil es Zeit und Nerven koste. Und genau hier setzten einige Firmen mittlerweile an. Die machten eine Rückgabe zum Erlebnis, zu einer Offenbarung. „Und das stärkt die Kundenbindung natürlich." Und so werde der Service mehr und mehr zu einem Differenzierungsmerkmal.

Das müssten Unternehmen und Unternehmer begreifen, um selbst aus der Servicefalle kommen zu können. Wenn er seine Kunden dazu auffordert, den Service abzuschaffen, stößt das erst einmal auf Skepis und Einwände. Dann allerdings fängt laut Reindl bei vielen ein Prozess des Denkens an und es folgt Erleichterung darüber, dass man es anders und vor allem einfacher machen kann. „Ich weiß, dass Kunden schwer zu lesen sind, aber man muss die Bereitschaft aufbringen, jeden Prozess aus Kundensicht bis zu Ende zu denken." Wichtig sei es, nicht in Problemen, sondern in Lösungen zu denken.

Fazit: Kundenservice wird künftig mehr und mehr zu einem Differenzierungsmerkmal am Markt. Deswegen ist es wichtig, den Kundenservice so zu optimieren, dass selbst ein Umtausch für einen Kunden zu einem Erlebnis wird und ihn damit noch stärker bindet, oder die Prozesse derart zu optimieren, dass überhaupt kein Kundenservice mehr nötig sei.

# Chrissi Joy - Thema Leichtigkeit

Den Menschen wieder mehr Leichtigkeit beizubringen – das hat sich die Speakerin und Influencerin Chrissi Joy zur Aufgabe gemacht. Für sie ist das Thema Leichtigkeit eine echte Herzensangelegenheit, weil sie schon früh damit konfrontiert wurde, wie es ist, wenn eben diese Leichtigkeit im Leben abhanden kommt. Ihre Mutter erkrankte an einer Depression, als sie selbst noch ein Kind war. Das hatte nicht nur zur Folge, dass Chrissi Joy mit Schwermut konfrontiert wurde, sondern auch, dass relativ wenig kommuniziert wurde. „Und als Kind habe ich vieles auf mich bezogen, habe die Schuld für all das bei mir gesucht", erinnert sie sich.

Dies führte zunächst einmal zu einer Essstörung, über die sie sehr viel zum Thema Selbstliebe lernte und sich mit sich und ihrer Person auseinandersetzte. Es führte in einem weiteren Schritt aber auch dazu, dass sie sich von früh mit dem Thema Persönlichkeitsentwicklung beschäftigte, sich vor allem mit der Frage beschäftigte, wie sie es selbst schaffen würde, nicht diese Schwere, sondern stattdessen eine Leichtigkeit zu entwickeln, das Beste aus dem eigenen Leben zu machen, auch in schwierigen Phasen.

Chrissi Joy schaffte es, mit sich ins Reine zu kommen – und hegte anschließend den Wunsch, auch anderen Menschen Leichtigkeit beizubringen, ihre Erfahrungen zu teilen. Ihr Ansatz: Man muss Achtsamkeit entwickeln, um anders über sich selbst zu denken und anders mit sich selbst zu reden. Denn die Kommunikation mit dem eigenen Ich findet – verbal und vor allem nonverbal – 24 Stunden täglich, an sieben Tagen in der Woche statt.

Zunächst sei es wichtig, eine Bestandsanalyse zu machen: Woher kommt die Unzufriedenheit? In welchen Lebensbereichen ist sie präsent? Was läuft gut, was läuft weniger gut? Wo möchte ich hin? Wie möchte ich mich fühlen? Und dann sei es tatsächlich gut und sinnvoll, direkt in die Umsetzung zu kommen. Sprich: Was kann ich heute schon ändern, um mich ein Stückweit besser zu fühlen? Denn bei allem gehe es erst einmal nur um einen selbst, um die eigenen Bedürfnisse. Deswegen müsse man sich erst einmal hinterfragen und sich auch vor Augen führen, was man möchte und was man nicht mehr möchte. Hier sei es beispielsweise ein erster Schritt, nein zu sagen. Nein zu Dingen und Menschen, die einem nicht guttun.

Chrissi Joy weiß, dass dieses Auseinandersetzen mit dem eigenen Ich vielen Menschen schwerfällt. Gerade in einer Zeit, die von Hektik, Stress und Ablenkung dominiert wird. Deswegen rät sie zur Meditation, die dazu führen könne, dass man die Botschaft im Inneren erkenne. „Nur wenn man das erkennt, kann man den Fokus auf die Dinge legen, die einem wirklich wichtig sind im Leben." Und nur wer sich so ausrichte, der schaffe es, mit sich selbst ins Reine zu kommen und glücklich zu sein. Denn darum gehe es in diesem einen, begrenzten Leben, das jedem von uns zur Verfügung steht: um ein glückliches, inspirierendes Dasein.

Auch wenn die meisten genau das anstrebten, stünden sich viele selbst im Weg, indem sie sich permanent unter Druck setzen, indem sie sich und ihr Leben immer weiter zu optimieren versuchen. Und das münde in einer dauerhaften Unzufriedenheit. Wichtig sei es, mit dem zufrieden zu sein, was man ist und nicht ständig Vergleiche mit anderen anzustellen. Das sei dann in Ordnung, wenn es inspirierend für einen selbst sei. Aber in dem Moment, in dem man negativ abschneide, müsse man den Fokus wieder neu ausrichten und sich darauf konzentrieren, was im eigenen Leben alles gut sei.

Diese Gedanken sind laut Chrissi Joy trainierbar. Man müsse dabeibleiben und sich in solchen Situationen immer wieder bewusst werden, dass es einem nicht gut tut, Vergleiche zu ziehen, bei denen man vermeintlich schlecht abschneide. „Sobald man den inneren Kritiker spürt, sollte man die Reißleine ziehen und gedanklich rausgehen aus der Situation." Man müsse dann wieder ins positive Denken kommen, immer und immer wieder. Dadurch entstünden neue Synapsen im Hirn, die zu einer dauerhaften Veränderung und damit zu mehr Leichtigkeit führen könnten. Das sei ein Prozess, der sich nicht von heute auf morgen umsetzen ließe. Es seien die kleinen Schritte, die zum großen Ganzen führen. Und es seien die kleinen Schritte, an denen man sich schon erfreuen solle, aus denen man sich Kraft und Vertrauen in sich selbst ziehen solle.

Leichtigkeit helfe im Leben enorm. Sie öffne Türen, sorge dafür, dass Menschen auf einen zukommen, dass Menschen gerne Zeit mit einem verbringen möchten. Aber sie führt auch zu einem Wandel im Inneren. Wer das Leben mit mehr Leichtigkeit angehe, der gehe auch mit schwierigen Situationen gelassener um und schaffe es, sich auf das Wesentliche zu konzentrieren.

Denn das ist ein weiterer Tipp, den Chrissi Joy den Menschen auf ihrem Weg zu mehr Leichtigkeit vermittelt: Die täglichen Anforderungen des Lebens gelassener zu nehmen. Das funktioniere beispielsweise, indem man bei Überforderung einen Cut mache, sich die Zeit nehme, um zu sortieren: Was muss wirklich dringend gemacht werden? Wie kann ich mir den Tag sinnvoll einteilen, um am Ende zu einem guten Ergebnis zu kommen? „Man geht immer davon aus, dass es einem mit dieser Überforderung alleine so gut. Aber das ist Unsinn. Das Problem haben ganz viele." Sie würden nur vielleicht anders damit umgehen. Auch das sei lernbar.

Chrissi Joy macht das an einem Bild deutlich: Jeder Mensch besteht aus einzelnen Anteilen. Der, der für die Entspannung ist. Der, der für das Weiterkommen und stetige Ackern ist. Der, der auf der Couch bleiben möchte. Der, der zum Sport möchte. Und die alle sitzen zusammen in einem Bus, den einer von diesen Anteilen lenkt. „Bei Überforderung lenkt der, der ganz viel schaffen möchte. In dem

Moment sollte man einfach der Entspannung das Steuer überlassen, um rauszukommen aus der Situation, um mal rechts ranzufahren und eine kleine Verschnaufpause einzulegen." Alles eine Frage der Übung – da ist sich Chrissi Joy sicher.

Fazit: Ein Leben in Leichtigkeit öffnet einem viele Türen und viele Kontakte. Um in diese Leichtigkeit zu kommen, ist es wichtig, sich vor Augen zu führen, was man selbst möchte vom Leben, was einem gut tut. Der Weg in diese Leichtigkeit ist ein Weg der kleinen Schritte. Man sollte direkt – im Kleinen und später dann im Großen – in die Umsetzung kommen. Indem man aufhört, sich mit anderen zu vergleichen, sich von Dingen oder Menschen trennt, die nicht gut für einen sind, indem man auf die inneren Bedürfnisse hört.

# Wie komme ich in die Umsetzung?

Erfolg in der Theorie ist das eine, Erfolg in der Praxis das andere. Wie Du in die Umsetzung kommst und Dich traust, die Dinge - mögen sie auch noch so unkonventionell oder utopisch sein - endlich anzugehen, darum geht es im folgenden Kapitel. "Hintern hoch, Gas geben" ist beispielsweise das Motto von Lauri Kult. Der "Mr. Umsetzung" zeigt Dir Wege auf, wie Du es schaffst, Deine Komfortzone endlich zu verlassen. Dass Du Dir dabei auch radikale Veränderungen zunutze machen kannst, beschreibt der Top-Experte zu diesem Thema, Ingo Stefan. Zudem weist Dir Kai Schimmelfeder den Weg zu Fördermöglichkeiten, die in Deutschland jedem zur Verfügung stehen. Felix Thönnessen kommt zum Thema Startup zu Wort und Robert Gladitz zeigt Dir, wie Du mit den richtigen Fragen durchstartest.

## Lauri Kult - Thema Umsetzung

Es bedurfte eines einschneidenden Erlebnisses, ehe Lauri Kult realisierte, dass man die Gelegenheiten beim sprichwörtlichen Schopfe greifen muss. Es war ein Moment, in dem er zögerte, ein Moment, in dem er sich die Chance entgehen ließ. Die Chance, Profifußballer zu werden. „Weil ich selbst an mir gezweifelt habe und kein Vertrauen in meine Fähigkeiten hatte", sagt er rückblickend. Auch wenn er diese eine Chance vertan hat, so hat er doch im Nachhinein viele lehrreiche Erkenntnisse daraus gezogen. Die wichtigste: Man muss in die Umsetzung kommen. „Hintern hoch, Gas geben."

Er hat allerdings die Erfahrung gemacht, dass es gerade Menschen im deutschsprachigen Raum schwerfällt, an diesen Punkt zu gelangen – weil viele ein verzerrtes Bild von Erfolg und Umsetzung hätten. Viele arbeiteten akribisch und legten den Fokus darauf, bloß keine Fehler zu machen. Dabei beinhalte eine am Ende erfolgreiche Umsetzung auch immer Fehler und temporäres Scheitern. „Und bevor sie scheitern, beenden sie ihre Bemühungen lieber", weiß Lauri Kult. Die Fehlertoleranz müsse nach oben gesetzt werden. Man müsse eine Einsicht dafür entwickeln, dass Fehler zum Leben dazu gehören. Umsetzung bedeute – ohne Rücksicht auf mögliche Fehler, auf ein mögliches Scheitern – anzufangen, auszuprobieren.

Das Problem der Umsetzung sei nicht nur beim Individuum zu finden, sondern auch ein Problem der einzelnen Unternehmen im Speziellen und der deutschen Wirtschaft im Allgemeinen. Mut für Innovationen sei abhanden gekommen. Es habe sich die Denkweise verbreitet, dass man zu den USA und zu China ohnehin nicht aufschließen können und dass es deswegen auch keinen Grund gebe, überhaupt anzufangen.

Eine Denkweise, die Lauri Kult nicht nachvollziehen kann. Deswegen fordert er jeden Einzelnen dazu auf, die eigene Haltung zum Leben zu überprüfen. „Sind nicht die großen Erlebnisse, die, auf die man noch nach Jahrzehnten mit Dankbarkeit und Stolz blickt, die, bei denen man ganz oben ist?“ Und diese großen Erlebnisse seien eben nur dann zu erreichen, wenn man das, was man mache, richtig und intensiv mache. Richtig arbeiten. Richtig leben. Statt einfach nur arbeiten und nur leben. So abgedroschen die Floskel „Das Leben ist viel zu kurz“ auch im ersten Moment klingen mag, Lauri Kult ist der festen Überzeugung, dass der Großteil der Menschen sie sich viel zu selten vor Augen führt und viel zu selten nach diesem Grundsatz lebt. Denn wer wisse, dass das Leben endlich sei, der müsse sich doch eigentlich nicht im Vorfeld überlegen, ob er sich jetzt traue, den Schritt zu gehen. Chancen seien da, um ergriffen zu werden.

Man müsse Vertrauen ins Leben haben. „Die Dinge leiten uns, es wird am Ende doch immer alles gut.“ So sei es in Deutschland beispielsweise nahezu unmöglich, arbeitslos zu werden, wenn man das nicht wolle. Und deswegen sei jedes Scheitern immer ein Scheitern auf niedrigem Niveau. Selbst wenn ein Projekt nicht funktioniere, dann sorge das System dafür, dass man alles habe, was man zum Leben brauche: Essen, Trinken, ein Dach über dem Kopf. Das mache es einfacher zu sagen: „Ich muss nicht so sein, wie alle es wollen. Ich mache einfach mal. Die Fallhöhe ist gering, also gebe ich Vollgas.“

Allerdings sei es an dieser Stelle wichtig zu differenzieren – und den Sinn jeder Aktivität zu hinterfragen. Ist diese in dem Moment zielführend oder nicht? Bringt sie mich meinem großen Traum näher oder nicht? Tue ich es vielleicht nur, weil es eine angenehme oder tatsächlich, weil es eine sinnvolle Aufgabe ist? Der „Mr. Umsetzung“ hat die Erfahrung gemacht, dass lediglich fünf bis zehn Prozent der Aufgaben, die man tagtäglich erledigt, auch tatsächlich zielführend sind. Es habe sich eine Kultur der To-Do-Listen entwickelt, die beim Abhaken für eine schnelle, kurze Befriedigung sorgten, ohne wirklich zielführend zu sein. Jeder Einzelne habe das „Problem“, dass er unbewusst durchs Leben laufe und deswegen zu wenig in die Umsetzung komme. „Es gibt eigentlich keine fehlende

Motivation, sondern nur fehlendes Bewusstsein für die wirklich wichtigen Dinge." Es müsse eine Fokussierung auf das Wesentliche stattfinden. Denjenigen, und das sind laut Lauri Kult sehr viele, die immer wieder aus dem Zieldenken herauskommen, rät er zu einem zwischenzeitlichen Mini-Brainstorming: Querdenken, das Gehirn erweitern, die eigenen Ansprüche erhöhen. Und vor allem: Mut aufbringen. Das sei die Fähigkeit, die jeden im Leben am meisten voranbringe.

Und Mut ist vor allem im Hinblick auf die Umsetzung wichtig. Mut, Entscheidungen zu treffen und hinter diesen zu stehen – unabhängig von dem, wie andere darauf reagierten. Sich nicht abbringen zu lassen, sich nicht zweifeln zu lassen. Hier sei es wichtig – so weit das große Ziel auch für den Moment entfernt sein mag – sich immer wieder vor Augen zu führen, dass man nur einmal Umsetzen vom Nächstgrößeren entfernt ist und dass am Ende etwas Großes steht.

Fazit: Um ein Ziel erreichen zu können, ist es wichtig, in die Umsetzung zu kommen und sich nicht von seinen Zweifeln leiten oder von zwischenzeitlichen Misserfolgen und Fehlern vom Weg abbringen zu lassen. Zudem ist es wichtig, zielorientiert zu handeln, sprich: den Fokus auf die Dinge zu legen, die einen auch wirklich zum Ziel bringen.

# Ingo Stefan - Wie kann man sich radikale Veränderungen zunutze machen?

Radikale Veränderungen im Leben und wie man sich diese zunutze machen kann. Darauf hat sich der Österreicher Ingo Stefan spezialisiert. Und der Diplom-Ingenieur weiß, wovon er rede, schließlich ist auch seine Vita geprägt von Brüchen: Nach einem Studium der Fahrzeugtechnik und mehreren Jahren

Berufserfahrung in der Fahrzeugbranche beschäftigte er sich mit Supervision und Coaching, machte sich in dieser Branche während der weltumfassenden Finanzkrise als Organisationsentwickler selbstständig, um dann noch sein drittes Studium Change Management zu absolvieren und sich parallel zum Speaker ausbilden zu lassen.

Doch den radikalen Wandel hat Ingo Stefan nicht nur in seinem Leben vollzogen, er sieht ihn auch in der Gesellschaft und zwar aufgrund eines Zusammenspiels von einer Digitalisierung, die zunehmend alle Bereiche des Lebens durchdringt, und des demografischen Wandels, der dafür sorgt, dass die Kluft zwischen älterer und jüngerer Generation im Hinblick auf diese Digitalisierung immer größer wird. Für die jüngeren Menschen gehörten die neuen Medien zum Leben dazu, für sich, für die eigene Positionierung, für das gesamte Lebensglück. Und dann gebe es den kompletten Kontrast dazu, die Menschen, die sogar die Nutzung eines Smartphones verweigerten und sich dadurch unweigerlich ins soziale Abseits katapultierten. Denn gerade die Kommunikation werde künftig mehr und mehr auf Smartphone und Co. verlagert und dieses Phänomen betreffe nicht mehr nur die jüngere Generation. Gerade ältere Menschen, deren soziale Kontakte sich dann auf das Privatleben beschränkten, würden große Probleme bekommen.

Und was im Privaten im Kleinen stattfinde, könne man in den meisten Bereichen auch auf die Wirtschaft, also auf das Große, übertragen. „Durch die Digitalisierung erschließen sich in der Geschäftsfeld ganz neue Möglichkeiten und Modelle. Und wer da auf Althergebrachtes baut, der sieht tatsächlich irgendwann alt aus", sagt der Österreicher deutlich.

Das werde vor allem in den Fällen problematisch, in denen Unternehmen bislang mit diesen althergebrachten Methoden erfolgreich gewesen seien und deswegen noch keinen Grund gesehen hätten, sich auf Neues einzustellen. Ingo Stefan ist sich sicher, dass diese „alten“ Erfolgsmodelle mittelfristig an Gültigkeit verlieren. Hier sei es wichtig, sich darauf einzustellen und neue Wege, die definitiv und in großem Umfang entstehen würden, zu finden. „Das bedeutet aber eben auch, dass sich die Unternehmen beziehungsweise die Menschen, die hinter den Unternehmen stehen, auf Veränderungen einlassen müssen.“ Es sei sicherlich eine Herausforderung, diesen Sprung zu bewältigen, die Komfortzone, die ja bislang erfolgreich war, zu verlassen.

Auch die Art der Arbeit wird sich laut dem Experten verändern. Administrative Aufgaben würden mehr und mehr in den Hintergrund rücken, weil sie auch von den Computern und der sogenannten Künstlichen Intelligenz (KI) erledigt werden könne, die künftig immer besser werde und dadurch immer weniger anfällig für Fehler sei. Dadurch hätte der Mensch mehr Zeit, sich auf die kreativen Prozesse und die Betreuung der Kunden zu konzentrieren. Ingo Stefan sieht die zunehmende Digitalisierung also überwiegend als Chance. „Ich bin optimistisch, dass diese Veränderungen auch Verbesserungen mit sich bringen.“

Aber sie würden beim Individuum die Bereitschaft voraussetzen, sich auf diese Veränderungen einzulassen. Das bedeute auch, dass man lernen müssen, die Vorbilder zu verändern. Eltern und Großeltern zu kopieren, wie es früher häufig der Fall gewesen sei, sei ein Auslaufmodell. Genau wie die Tatsache, dass man früher ein Leben lang in einer Firma gearbeitet habe. Ausbildung, Übernahme, ein paar interne Weiterbildungen und Aufstiege, Ruhestand. Das war es. Im Laufe der Zeit habe sich zumindest das ein wenig gewandelt und die Menschen hätten innerhalb der Branche den Arbeitgeber gewechselt. Doch auch dieses Modell hat sich laut Ingo Stefan mittlerweile überholt. Man müsse offen sein, auch einen kompletten Bruch zu vollziehen und die Branche zu wechseln – immer in Anlehnung an die Bedürfnisse der aktuellen Lebensphase.

Ingo Stefan nennt es das Streben nach ständiger Optimierung, das Streben nach dem Leben, das man eigentlich gerade leben möchte.

Die Kehrseite: Es stecke Arbeit hinter dieser Art, sein Leben zu gestalten. Die Fleißigen, Engagierten und Kreativen seien hier klar im Vorteil gegenüber denen, die es sich in ihrem Leben komfortabel eingerichtet und kein großes Interesse an Veränderungen hätten. Und es sei auch die Chance für diejenigen, deren Lebenslauf viele Brüche aufweise, für Schulabbrecher, für Freigeister.

Wichtig sei es, seinen Weg zu gehen und das Risiko in Kauf zu nehmen. Die Belohnung sei überwältigend. Auch hier weiß Ingo Stefan, wovon er redet. Schließlich ist es der Hobbyalpinist gewohnt, Anstrengungen in Kauf zu nehmen, um die Gipfel dieser Welt zu erklimmen. Der Ausblick und das Gefühl, es geschafft zu haben, entlohnten einen aber für alles und lasse die Gedanken an die Anstrengung zuvor schnell in den Hintergrund treten. Das Abenteuer Berg lasse sich deswegen sehr gut mit dem Abenteuer Business vergleichen. „Sich selbst oder sein Unternehmen zu verändern ist natürlich anstrengend, aber es bringt eben auch einen enormen Mehrwert mit sich. Hat man das Ziel erst einmal überwunden, ist man am Ende umso glücklicher."

Die Grenzen setze sich dabei jeder selber. Und jeder Schritt – auch hier zieht er wieder Vergleiche zwischen dem Business und seinem Hobby – bringe eine neue Herausforderung mit sich. Das wiederum führe dazu, dass man lerne, mit Veränderungen umzugehen und gierig auf Neues werde. Das Credo: Was kann ich noch erleben, was ich noch zu bewältigen. Und das münde in einer steigenden Lebenszufriedenheit. Ingo Stefan begründet das wie folgt: Es gebe Momente im Leben, in denen einem die Herausforderungen ausgingen. Dadurch wachse auch die Unzufriedenheit. Wer es dann schaffe auszubrechen, der werde wieder zufriedener. Mit sich, mit seinem Leben, mit dem, was er erreicht hat.

Fazit: Eine Welt, in der die Digitalisierung zunehmend voranschreitet und in alle Lebensbereiche eindringt, ist es zwingend erforderlich, sich auf die Veränderungen, die damit einhergehen, einzustellen. Das stellt vor allem die Menschen und Unternehmen vor Herausforderungen, die bislang auf vorwiegend analogem Weg unterwegs und erfolgreich waren. Die müssen sich auf die Veränderungen einstellen und einlassen, um nicht abgehängt zu werden.

# Robert Gladitz - mit den richtigen Fragen zur richtigen Umsetzung

Er hat es sich zur Aufgabe gemacht, eine Million Menschen zu einem besseren, selbstbestimmteren und freieren Leben zu führen. Er möchte diese Menschen als Marke positionieren und auf ihrem Weg zu einem neuen oder besseren Unternehmertum begleiten. Damit Robert Gladitz seinen persönlichen Weg zu einem eigenen Business einschlagen konnte, brauchte es vor allem eins: eine ehrliche Selbstreflexion. Er kam irgendwann an den Punkt, an dem er sich fragte: Was möchte ich im Leben wirklich? Und er stellte fest, dass sein Herz für das Unternehmertum schlug. Also baute er sein eigenes Business auf – eine Entscheidung, die sein Leben veränderte. „Denn endlich habe ich das gemacht, wofür mein Herz schlägt."

Robert Gladitz ist sich sicher, dass in vielen Menschen der Wunsch schlummert, sich auch im Beruf selbst zu verwirklichen und sein eigenes Business zu starten. Und das sei heutzutage leichter als zu jedem anderen Zeitpunkt. Wer eine Leidenschaft und eine Expertise habe und sich auf einem Gebiet gut auskenne, der habe vielfache Möglichkeiten, um erfolgreich zu werden.

Genau hier setzt die „AWESOME PEOPLE Family" an. Hier kommen die Menschen zusammen, die genau diese Leidenschaft und dieses Feuer für ihr Themengebiet in sich tragen und damit ganz groß rauskommen möchten. Menschen, die ein außergewöhnliches Leben erschaffen möchte, die ihre Zukunft im Unternehmertum sehen. „Mir geht das Herz auf, wenn ich Menschen erlebe, die so viel Potenzial in sich tragen." Robert Gladitz streut dann noch ein wenig Taktik und Strategie dazu – und stellt die wichtigen und richtigen Fragen.

Er glaubt nämlich gar nicht, dass die Menschen keinen Plan haben, sondern vielmehr, dass ihnen der Mut fehlt, zu ihrem eigenen Plan ja zu sagen. Allerdings hat auch er die Erfahrung gemacht, dass die meisten – gefragt nach ihren Ideen und Talenten – erst einmal ahnungslos mit den Schultern zucken. „Wenn man sich dann eine halbe Stunde mit ihnen unterhält und einige Fragen stellt, kristallisiert sich schnell heraus, worin die Menschen gut sind, wo ihre Expertise liegt." Die richtigen Fragen können beispielsweise sein: Was war Dein liebstes Hobby als Kind? Was würdest Du mit Deinem Leben anfangen, wenn ich Dir künftig monatlich 5000 Euro überweisen würde? Die Erfahrung habe gezeigt, dass hier ganz erstaunliche Dinge zutage gefördert würden.

So sein Hobby beispielsweise das Bauen mit Legosteinen gewesen. Das habe erfordert, dass man aus ganz vielen kleinen Teilen etwas Großes erschaffe. Das sei im Grunde nichts anderes, als ein Unternehmen zu erschaffen. Hier müssten auch viele Teile ineinandergreifen und zu einem großen Ganzen zusammengefügt werden. Sein Bruder habe in seiner Kindheit in jeder freien Minute gemalt – und sei heute Head of Creative. „Und so kann man eigentlich in den meisten Fällen ableiten, wo die Stärken der einzelnen Menschen liegen."

Mit seinen gezielten Fragestellungen schafft es Robert Gladitz, einen Umdenkprozess auszulösen und die Menschen an den Punkt zu bringen, an dem sie selbst etwas kreieren möchten. Dann sei es wichtig, den inneren Wächter zu ignorieren, der einem sagt: Kannst du das überhaupt? Ist das nicht eine Nummer zu groß für Dich? Keinesfalls will der Umsetzungsexperte die Illusion nehmen, dass sich dieser innere Wächter dauerhaft ausschalten lässt. Der sei selbst bei ihm vorhanden, wenn neue Projekte anstehen. „Wir müssen diesen Wächter einladen und die Dinge trotzdem angehen.“ Dabei sei es wichtig, keine Angst vor einem möglichen Scheitern zu haben und sich auch von den kritischen Blicken und Aussagen aus dem mittelbaren und unmittelbaren Umfeld nicht abhalten zu lassen. In Deutschland sei es kein großes Problem, auch mal zu scheitern und einen neuen Anlauf zu starten. „Dann gehe ich eben mal kellnern und schlafe auf Mamas Sofa. Wer halbwegs clever ist, findet immer Wege, um neu durchzustarten“, weiß Robert Gladitz.

Wie das beispielsweise funktionieren kann, erfahren die Teilnehmer seiner „AWESOME PEOPLE Conference“. Hierzu lädt er bis zu 30 Experten ein und interviewt diese. Und zwar so, dass er Dinge aus ihnen herauskitzelt, die sonst vielleicht nicht zutage getreten wären. „Die Zuhörer erfahren auf diese Weise ganz viel, was ihnen auf ihrem Weg zum eigenen Business helfen kann.“ Sie hätten zudem die Möglichkeit, auf diese Weise eigene Spezial- oder Interessensgebiete für sich herauszufiltern, auf die sie den Fokus legen möchten, um einfacher und schneller in die Umsetzung zu kommen und sich nicht von äußeren Faktoren abhalten zu lassen.

Robert Gladitz‘ mittelfristiges Ziel ist es, ein Umfeld zu kreieren, in dem das Gruppenzwangprinzip umgekehrt wird, also in dem jeder sein Ding macht, jeder sein eigenes Business aufbaut und jeder ambitioniert ist. „In dem man also gar nicht anders kann, als selbst ein Business aufzubauen.“

Fazit: Die Fähigkeit und auch der Plan, ein eigenes Business aufzubauen, schlummert in jedem. Wichtig ist es, mit den gezielten Fragestellungen herauszuarbeiten, was man besonders gut kann und wo man schon über eine entsprechende Expertise verfügt. Dabei darf man sich weder von seinem Umfeld noch aufgrund der Angst vor einem möglichen Scheitern von seinem Weg abbringen lassen.

# Felix Thönnessen - mit einem Startup erfolgreich sein

Wenn es darum geht, eine Idee oder ein Produkt optimal zu vermarkten oder in ein Startup-Unternehmen münden zu lassen, dann ist Felix Thönnessen der richtige Ansprechpartner. Nicht nur bei der TV-Sendung „Die Höhle der Löwen“, sondern durch jahrelange Zusammenarbeit mit Gründern und durch eigene Firmengründungen verfügt er über einen umfassenden Erfahrungsschatz, den er auch gerne mit anderen teilt. Er hilft Menschen dabei, ihr eigenes Business aufzubauen. Das sei heute einfacher als zu jedem anderen Zeitpunkt – durch eine enorme Medienpräsenz, durch zahlreiche Ratgeberbücher, aber auch durch die Möglichkeiten, die das Internet biete.

Felix Thönnessen weiß allerdings auch, dass viele Menschen zwar eine Idee oder ein Produkt hätten, ihnen aber der Mut dazu fehle, ins sprichwörtliche kalte Wasser zu springen. Das liege vor allem daran, dass viele denken würden, dass sie mit einer Unternehmensgründung ein hohes Maß an Sicherheit aufgeben würden. „Man weiß nicht, was einen konkret erwartet, wie gut es am Ende läuft.“ Man müsse ein wenig die Komfortzone des Angestelltendaseins verlassen und sich auf die Ebene des Risikos begeben. Allerdings hebelt der Experte diesen Einwand gleich wieder aus. Zum einen gebe es auch für Angestellte keine Sicherheiten, zum anderen nennt er die Gründung eines eigenen Unternehmens das höchste anzustrebende Karriereziel. Man könne selbst bestimmen, was machen möchte, in welche Richtung das Business laufen solle. Und man sei auch verantwortlich für Erfolg und Misserfolg. Erfolgreich seien diejenigen, die auch mit den Talsohlen klar kämen. Das könne beispielsweise Stress im privaten Umfeld sein, den man parallel zum Business meistern müsse, das könnten aber vor allem auch Phasen im Unternehmen sein, in denen die Verkaufszahlen schlecht seien und alles stagniere. Vor allem zu Beginn jeder Firmengründung sei es wichtig, Durchhaltevermögen zu beweisen und sich von Tiefschlägen nicht vom Weg abbringen zu lassen.

Um mit dem eigenen Produkt, der Idee oder – in einem nächsten Schritt – dem Unternehmen auch erfolgreich sein zu können, müssen laut Felix Thönnessen allerdings schon im Vorfeld einige Dinge beachtet werden. So sei es beispielsweise wichtig, das Produkt und/oder die Idee zum frühestmöglichen Zeitpunkt zu testen. Es reiche eben nicht aus, dass man selbst davon überzeugt sei, potenzielle Kunden müssten es sein. Wie finden andere das Produkt? Welche Verbesserungsvorschläge haben sie noch? Was kann noch optimiert werden? „Hier ist es wirklich wichtig, möglichst viele Leute darauf anzusprechen und sich viele Meinungen einzuholen“, weiß der Experte.

Zudem sei es wichtig, sich einen Berater beziehungsweise Mentor zu suchen, der einem mit hilfreichen Tipps und seinem Erfahrungsschatz zur Seite steht. Hier eignen sich laut Felix Thönnessen all diejenigen, die selbst bereits den Weg in die Selbstständigkeit gegangen sind. Erfahrung sei das, wovon jeder Einzelne am meisten profitieren könne, wovon man am meisten für sich und sein Business mitnehmen könne.

Während seiner Teilnahme an „Die Höhle der Löwen“ hat der Betriebswirt zudem selbst eine wichtige Erfahrung gemacht: Es gehe – wenn man erfolgreich sein möchte – nicht nur um das Produkt und/oder die Idee, sondern mindestens in gleichem Maße um die Präsentation und die Begeisterungsfähigkeit des Präsentierenden. „Es geht um das Feuer, um die Lust, die jemand verspürt, etwas umzusetzen.“ Nur, wer diese Leidenschaft und dieses Feuer in sich trage, schaffe es auch, andere mit dieser Begeisterung anzustecken und – da schließt sich der Kreis dann auch wieder – Talsohlen relativ unbeschadet zu durchschreiten. Hiermit verbunden sei auch eine intensive Beschäftigung mit der eigenen Person. Denn der Mensch hinter jedem Produkt sei die entscheidende Variable dafür, ob etwas am Ende erfolgreich sei. Schafft man es, sich immer wieder aufs Neue zu motivieren, aus Krisen gestärkt hervorzugehen und nie aufzugeben? Brennt man wirklich leidenschaftlich für das, was man tut? Und bin ich bereit, mich weiterzuentwickeln und an mir zu arbeiten? Schließlich sei nicht jeder zum Unternehmer geboren und müsse darüber nachdenken, sich einen Partner zu holen oder sich mit einem Franchise-Konzept selbstständig zu machen.

Felix Thönnessen hat die Erfahrung gemacht, dass nur rund ein Drittel der Menschen überhaupt die Bereitschaft haben, an sich zu arbeiten – und so erfolgreiche Firmengründer zu werden. „Es kann eben auch mal anstrengend und intensiv werden. Dessen muss man sich immer bewusst sein."

Eine weitere Beobachtung, die er bei „Die Höhle der Löwen" gemacht hat, ist die, dass man sich immer überlegen müsse, was der Kernnutzen des Produktes/der Idee ist, um diesen bei der Präsentation dann auch immer wieder zu betonen. „Welches Problem löst mein Produkt, warum sollten die Menschen es kaufen?"

Dies gehört dann auch schon in den Bereich von Marketing und Vertrieb, den Felix Thönnessen als größte Herausforderung für jeden Unternehmer ansieht. Das liege vor allem daran, dass das vielen Menschen nicht in den Genen liege und sie deswegen erst einmal keine Idee davon hätten, wie sie ihr Produkt nun an den Kunden bekämen. Dabei gebe es in diesem Bereich nahezu unbegrenzt viele Möglichkeiten. Hier sei es wichtig, kreativ zu sein, neue Ideen zu entwickeln, aber auch auf Bestehendes aufzubauen. „Es gibt unzählige Ratgeber und das Internet. Man muss sich nur den Möglichkeiten bedienen."

Fazit: Firmengründungen waren noch nie so leicht wie im Zeitalter der Digitalisierung. Allerdings gilt es auch hier, einige Dinge zu beachten. So sollte man, wenn man ein Produkt oder eine Idee in Geld umwandeln möchte, erst einmal in Erfahrung bringen, wie dieses bei potenziellen Kunden ankommt. Zudem ist es wichtig, für das, was man tut, zu brennen. Denn nur wer brennt, der kann erfolgreich sein.

## Kai Schimmelfeder - Förderprogramme nutzen

Der „Mister Fördermittel" Kai Schimmelfeder widmet sich einem Thema, das viele Unternehmer und Unternehmen noch gar nicht oder viel zu selten auf ihrem Aufmerksamkeitsschirm haben: den vielfältigen Möglichkeiten von finanziellen Fördermitteln. Indem er seine Kunden für diesen Themenkomplex sensibilisiert, transportiert er sie in eine Zukunft, von der sie vorher noch gar nicht wussten, dass es diese Zukunft überhaupt gibt. Er hat den Überblick über die zahlreichen öffentlichen Fördermittel, Zuschüsse und Fördergelder, die es in Deutschland gibt, und öffnet mit diesem Wissen seinen Kunden, vorwiegend mittelständischen Unternehmen, das sprichwörtliche Buch mit sieben Siegeln. „Viele setzen das Beantragen von Fördermitteln mit großen bürokratischen Hemmnissen und Hindernissen gleich und scheuen sich deswegen davor, sich überhaupt intensiver mit diesem Thema auseinanderzusetzen", weiß der Experte. Zudem hat er die Erfahrung gemacht, dass viele das Beantragen oder In-Anspruch-Nehmen von Fördermitteln noch mit einem negativen Image konnotierten. Frei nach dem Motto: Denen geht es finanziell nicht gut, die haben es sogar nötig, staatliche Gelder in Anspruch zu nehmen. Auf diese Weise würden diejenigen, die Fördermittel verwenden, in eine böse Ecke getrieben.

Eine Denkweise, gegen die Kai Schimmelfeder während seiner Vorträge oder Einzelberatungen rigoros ankämpft. Denn das

Beantragen von Fördermitteln ist seiner Meinung nach einem Weg, der sich immer lohnt. „Es geht darum, sich und dem Unternehmen eine Möglichkeit zu eröffnen, um schneller, kostengünstiger und risikoärmer wachsen zu können."

Seiner Erfahrung nach sind es gerade die führenden Unternehmen am Markt, die – auch mit staatlicher Unterstützung – Geld in die Hand genommen haben und Risiken eingegangen sind. In den Großunternehmen ziehe sich der Prozess einer Investition oft über Jahre, das liege unter anderem auch an den oft komplizierten internen Entscheidungsprozessen und sei immer eine Frage der gerade vorherrschenden Mentalität im Hinblick auf Investitionen und Innovationen. Im Gegensatz dazu stünden die kleineren und mittelständischen Unternehmen, bei denen die Entscheidungsprozesse kürzer sind, bei denen staatliche Fördermittel schneller und unkomplizierter beantragt werden könnten. Das sei kein Appell für Schnellschüsse, denn natürlich müsse jede Investition durchdacht werden und bedürfe einer ordentlichen Vorbereitung. Und man müsse immer im Vorfeld entscheiden, ob man die Willenskraft aufbringe, den Weg auch bis zum Ende durchzustehen. Schließlich sei – und da spricht der ehemalige Hochleistungssportler im Powerlifting aus Erfahrung – dieser Weg zu Großem immer mit Schmerzen und außergewöhnlichen Anstrengungen verbunden. Hinzu kommt, dass Förderanträge immer im Vorfeld an eine Investition getätigt werden müssen, da gesetzlich keine Rückwärtsförderung vorgesehen ist. Das bedeutet also auch, dass der Anspruch auf staatliche Gelder verwirkt ist, sobald die ersten Investitionen aus der eigenen Tasche getätigt wurden, oder sogar, wenn Leistungsverträge unterschrieben wurden, ohne vorher Förderanträge gestellt zu haben.

Kai Schimmelfeder hat die Erfahrung gemacht, dass sich zu viele davon abhalten ließen, groß und außergewöhnlich zu denken – weil sie immer darüber nachdenken, was die anderen denken. Er rät dazu, sich komplett freizumachen von solcher einer Haltung und

Denkweise. Und er ermutigt zum großen Denken. „Denn nur wer groß denkt, kann auch große Projekte realisieren."

Mehr als 5000 Förderprogramme gibt es derzeit in Deutschland, hierbei wird mehr als eine Billion Euro ausgeschüttet. Da sei für „jedes" Anliegen, für jeden Anspruch etwas dabei, schließlich ist laut Gesetzgeber grundsätzlich jede Branche förderfähig. Ein Fakt, von dem laut Kai Schimmelfeder, 90 Prozent der Unternehmer keine Kenntnis haben. Das Spektrum reicht von der Gründung eines Startups über den Zukauf eines Unternehmens bis hin zu Umweltschutz, Energieeffizienz, Digitalisierung, künstliche Intelligenz oder auch die klassischen Investitionen. Und es biete dadurch nahezu jedem die Gelegenheit, größer zu denken und neue Ideen zu realisieren. Er nennt als Beispiel den Kauf eines Unternehmens. Dies erhöhe nicht nur die Wirtschaftlichkeit, sondern man kaufe sich zugleich auch neue Arbeitskräfte und neue Märkte hinzu.

Auch im Hinblick auf eine Unternehmensübergabe sei es sinnvoll und hilfreich, Fördermittel zu beantragen. Oft gehe das auch mit einem Generationenwechsel einher. Die neue Generation sei daran interessiert, viele Dinge anders zu machen, Innovationen in den Betriebsablauf einfließen zu lassen. „Auch hierzu gibt es spezielle Förderprogramme, mit deren Hilfe der Start erleichtert werden kann", sagt der Experte. So gebe es beispielsweise die Möglichkeit, Mittel zu beantragen, mit der Betriebsprozesse optimiert oder die Digitalisierung vorangetrieben werden kann.

Fazit: Im Hinblick auf staatliche Fördermöglichkeiten sind viele Unternehmer und Unternehmen noch zu passiv und lassen dadurch Gelder liegen, die sie in ihren Betrieb investieren können. Förderfähig ist grundsätzlich jeder, allerdings ist hierbei zu beachten, dass Fördermittel immer im Vorfeld an eine Investition getätigt werden müssen.

# Zusammenfassung und Handlungsaufforderung

Mehr als 60 Seiten geballtes Expertenwissen. Mehr als 60 Seiten kurz und prägnant zusammengefasster Inhalt. Mehr als 60 Seiten, die Dir dazu verhelfen sollen, direkt in die Umsetzung zu kommen. Damit das noch besser funktioniert, sind hier noch einmal die wichtigsten Methoden hin zu einer Experten-Positionierung und zu einem unschlagbaren Persönlichkeits-Branding zusammengefasst. Fünf Dinge, die Dir dabei helfen werden, deutlich mehr Reichweite und Bekanntheit zu gewinnen und Dich als Experte am Markt zu etablieren. Fünf Dinge, die Du bei der Lektüre des Buches gelernt haben solltest, die Du aber - bei Bedarf - auch immer wieder nachschlagen kannst:

1. Grundlagen verstehen: Was ist eine Marke und wie werde ich zur Marke?
2. Das richtige Experten Mindset.
3. Deine Positionierung.
4. Maßnahmen, um Reichweite und Bekanntheit zu erlangen.
5. Entscheidende Erfolgsfaktoren für eine TOP-Experten-Positionierung.

Um wirklich nachhaltig am Markt zu bestehen und dauerhaft als Marke wahrgenommen zu werden, ist es natürlich wichtig, über das theoretische Wissen zu verfügen. Es ist wichtig, über das theoretische Wissen zu verfügen. Es ist wichtig, nachzuvollziehen, welche Möglichkeiten es gibt, wie es andere geschafft haben, Millionenumsätze zu generieren und mittlerweile gekauft zu werden, statt sich verkaufen zu müssen. Es ist wichtig zu sehen, wie vielfältig die Optionen sind, die sich auch Dir auftun, wenn Du nur willst - und wenn Du eine Strategie hast.

Was aber mindestens genauso wichtig, wenn nicht sogar noch wichtiger ist: Dieses Wissen auch in der Praxis umzusetzen. Die wenigsten haben hier ein klares Konzept, eine Strategie, wie sie starten sollen. Der Kopf ist voller Ideen. Ohne klare Struktur, ohne die Erkenntnis, worauf der Fokus gelegt werden soll. Und das hemmt. Das verhindert oft, überhaupt in die Umsetzung zu kommen. Vor Angst, sich zu verzetteln oder vor dem Scheitern.

Oft ist es die Kaltakquise der erste Schritt: Möglichst viele neue Kunden münden ja schließlich in maximal vielen Aufträgen. So der Gedankengang. Das mag auf den ersten Blick vielleicht nachvollziehbar sein, führt aber in einem zweiten Schritt in fast allen Fällen zu Frust: Viel Aufwand, wenig Ertrag - so wird die bittere Erkenntnis bei den meisten lauten.

Bevor ich dir die Lösung für eine deutlich bessere Herangehensweise auf dem Silbertablett serviere, möchte ich Dir erst einmal drei einfache Fragen stellen:

1. Ist es Dir wirklich wichtig, ein Branding aufzubauen und sogar eine Personen-Marke zu werden?
2. Möchtest du gerne mehr Reichweite und Bekanntheit aufbauen?
3. Willst du ein klares System und eine Schritt-für-Schritt-Anleitung, in der Du erfährst, wie Du es zum TOP-Experten schaffen kannst?

Wenn Du mindestens eine dieser drei Fragen mit einem Ja beantwortet hast und schon das Kribbeln der Vorfreude und einen absoluten Tatendrang verspürst, dann habe ich jetzt etwas ganz Großartiges für Dich: Meine Erfahrung aus mehr als 3000 Vorträgen und der Ausbildung von 37 der TOP-100-Speaker habe ich in einem Workbook zusammengefasst.

Hier kannst Du Dir Dein kostenloses Arbeitsbuch sichern:
**https://klickehier.com/hermann-scherer-workbook**

Dieses Workbook ist eine Arbeitsheft für die Menschen, denen es wirklich ernst ist. Die unbedingt zum Top-Speaker werden möchten, die bereit sind, den Weg an die Spitze zu gehen. Dass Du zu diesen Menschen gehörst, davon bin ich überzeugt. Schließlich hast Du Dir auf den vorangegangenen Seiten schon akribisch das geballte Expertenwissen angeeignet.

Das Workbook für TOP-Experten ist so aufgebaut, dass Du es mit einem täglichen Aufwand von fünf bis neun Minuten problemlos bearbeiten kannst und direkt Deinen klaren Fahrplan an die Hand bekommst.

Gemeinsam werden wir im Laufe des Workbooks die konkreten Maßnahmen, die Du bereits jetzt von meinen Experten in der Theorie gelernt hast, praktisch und leicht verständlich aufarbeiten. Das Workbook ist als Schritt-für-Schritt-Formel konzipiert, die Dir den Weg zu einem TOP-Experten und zu bahnbrechenden Umsätzen aufzeigt.

In diesem Workbook verrate ich Dir kaum bekannte Geheimnisse, die Dir zu einem enormen Wachstum Deiner Auftragslage verhelfen und Dich zum TOP-Experten machen. Normalerweise verkaufe ich diese Umsetzungsbibel für 197 Euro, doch Dir als treuem und ausdauerndem Kindle-Leser überlasse ich gerne und mit dem guten Wissen, dass Du danach zum Durchstarter wirst, ein GRATISEXEMPLAR.

**Jetzt zur Expertenmaschine werden und für Dein Wissen fürstlich bezahlt werden: Hier geht es zum Arbeitsbuch.** https://klickehier.com/hermann-scherer-workbook

Und weil das nicht genug ist, halte ich noch ein ganz besonderes Bonbon für Dich bereit: Ich schenke Dir nicht nur das Workbook, sondern bin bereit, Dich mit einem E-Mail-Begleitkurs noch einmal zusätzlich zu motivieren und Dir weiteren Input mit auf Deinen Weg zu geben.

Du zahlst keinen Cent und bekommst trotzdem das Workbook sowie tägliche Erfolgsimpulse, in denen Du beispielsweise erfährst, wie Du das Workbook am besten bearbeitest und viel Zeit bei der Umsetzung sparst.

**Hier kannst Du Dir dein Workbook und dein 10-Tage-Mentoring-Programm mit Hermann freischalten:**

**https://klickehier.com/hermann-scherer-workbook**

# Link und Ressourcen Liste der Experten

**Wie werde ich zur Marke?**

Hermann Scherer - Die Geheimnisse von Hermann Scherer und seinem Erfolg als Top-Speaker. Mehr Infos unter: www.hermannscherer.com

**Wie das richtige Mindset Erfolg bringen kann**

Calvin Hollywood - vom Spezialisten zum Multi-Unternehmer und dabei immer authentisch - Die Macht der Authentizität. Mehr Infos unter: www.calvinhollywood.de

Michael von Kunhardt - wo der Sport ein Vorbild für Unternehmen sein kann. Mehr Infos unter: www.vonkunhardt.de

Stephan Gingter - Mut zu neuen Wegen. Mehr Infos unter: www.tatkraft.ag

Kirsten Altvater - Wie gehe ich mit Angst um. Mehr Infos unter: www.bronder-brondner.com

**Schwerpunkt Positionierung**

Tobi Beck - vom Metzgereifachverkäuferinnencoach auf Deutschlands große Bühnen. Mehr Infos unter: www.tobias-beck.com

Nadine Dlouhy - Welche Rolle spielt bei einer nachhaltigen Positionierung die Emotionen. Mehr Infos unter: www.nadinedlouhy.com

Kathrin Härle – Preise gestalten und am Markt durchsetzen. Mehr Infos unter: www.kathrin-haerle.com

Dirk Kreuter - die Macht der Überzeugung. Mehr Info unter: www.dirkkreuter.com

**Welche Möglichkeiten zur Reichweite und Bekanntheit gibt es?**

Dr. Oliver Pott - die richtige Idee ist erfolgsentscheidend. Mehr Infos unter: www.founder.de

Dirk Hildebrand – Marktchance Podcast. Mehr Infos unter: www.radioexperten.info

Nadine Krachten - Verkaufen ist nicht gleich verkaufen. Mehr Infos unter: www.nadine-krachten.de

Oliver Albrecht - sich richtig in Szene setzen. Mehr Infos unter: www.newmarket.agency

AFM-Media - Mit Online-Marketing erfolgreich werden. Mehr Infos unter: www.afm-media.com

Ralf Schmitz - der einfache Einstieg ins Affiliatemarketing. Mehr Infos unter: www.ralf-schmitz.info

David Przybylski zum Thema Affiliate-Marketing. Mehr Infos unter: www.finest-audience.de

Jens Neubeck zum Thema Amazon-Kindle als Chance nutzen. Mehr Infos unter: www.salesangels.org

Sven Platte - Herausforderungen im Zeitalter der Digitalisierung. Mehr Infos unter: www.digistore24.de

Thomas Klußmann - online und offline in Einklang bringen. Mehr Infos unter: www.gruender.de

**Weitere Erfolgsfaktoren:**

Bernhard Reindl – Ein Mann hat den Kunden im Blick. Mehr Infos unter: www.gutes-consulting.de

Chrissi Joy - Thema Leichtigkeit. Mehr Infos unter: www.joyupyourlife.com

**Wie komme ich in die Umsetzung?**

Lauri Kult - Thema Umsetzung. Mehr Infos unter: www.laurikult.de

Ingo Stefan Wie kann man sich radikale Veränderungen zunutze machen?. Mehr Infos unter: www.ingostefan.at

Robert Gladitz - mit den richtigen Fragen zur richtigen Umsetzung. Mehr Infos unter: www.awesomepeople.family

Felix Thönnessen - mit einem Startup erfolgreich sein. Mehr Infos unter: www.felixthoennessen.de

Kai Schimmelfeder - Förderprogramme nutzen. Mehr Infos unter: www.kaischimmelfeder.de

Unsere Events im Überblick: www.hermannscherer.com/events

Besuche auch unsere Website: www.hermannscherer.com

**Mehr über Hermann Scherer erfährst du auf Social Media:**

**Facebook:** www.facebook.com/hermannscherer/
**Instagram:** www.instagram.com/hermannscherer_official
**YouTube:**
www.youtube.com/channel/UCkACRixHAC8MWLD2ycCvDiQ?view_as=subscriber
**Twitter :** https://twitter.com/hermannscherer
**LinkedIn** www.linkedin.com/in/hermannscherer/
**Xing:** www.xing.com/profile/Hermann_Scherer/cv

Kontaktaufnahme mit Hermann Scherer: info@hermannscherer.com

# Über den Autor Hermann Scherer

Über 3.000 Vorträge vor rund einer Million Menschen in über 3.000 Unternehmen in über 30 Ländern, 50 Bücher in 18 Sprachen, 1.000 Presseveröffentlichungen, 50.000.000 Euro Umsatz, 9.000 Hotelübernachtungen, 10.000.000 Flugmeilen, Forschung und Lehre an 18 europäischen Universitäten, über 30 erfolgreiche Firmengründungen, die meist zur Marktführerschaft führten, eine anhaltende Beratertätigkeit, immer neue Impulse und Inspiration für Welt und Wirtschaft – das ist Hermann Scherer. Er macht Menschen zu Marken, damit sie das verdienen, was sie wert sind und den Logenplatz im Kundenkopf erobern.

»Er ist einer der profiliertesten Coaches und Unternehmensberater Deutschlands. Belesen und voller Charisma gleichermaßen – und ausgestattet mit einem Gespür für die Alltagssorgen der Menschen.« (Handelsblatt)

„Er ist der Trainer aller Trainer in Deutschland!"

»einer der erfolgreichsten Motivationstrainer Deutschlands.« (Philosophie heute)

»Hermann Scherer gilt als der bekannteste und „coolste" Vortragsredner, den die deutsche Motivationsbranche hervorgebracht hat.« (Wirtschaft + Weiterbildung)

»Platz 3 der 100 besten Erfolgstrainer Deutschlands und Österreichs 2017« (Magazin Erfolg) Das Besondere an dieser Auflistung ist ein Detail: 38 der 100 besten Erfolgstrainer haben durch die Ausbildung oder Beratung von Hermann Scherer profitiert. Damit konnte er bei über einem Drittel der TOP 100 einen Beitrag leisten.

»Der Bestsellerautor gehört zu Deutschlands besten Coaches« (Wirtschaftswoche)

»einer der gefragtesten und teuersten Coaches und Unternehmensberater Deutschlands« (Nordbayerischer Kurier)

»Der Selfmade-Millionär« (Wirtschaftswoche)

»Wirtschaftsbuch des Jahres« (Hamburger Abendblatt)

»Karrierebuch des Jahres« (Hamburger Abendblatt)

Bestsellerliste WirtschaftsWoche, manager magazin, Handelsblatt, Spiegel

Er hat bei über 500 Büchern als Inspirator und Guide mitgewirkt.

»Hermann Scherer begeisterte mit seinem Vortrag.« (Süddeutsche Zeitung).

»Hermann Scherer, einer der zehn besten Marketingexperten in Deutschland...« (Westfalen-Blatt)

»Der Referent hat von der ersten Minute an begeistert.« (Südkurier)

»Für Begeisterungsstürme sorgte Hermann Scherer. In einem 40-minütigen Schwall an provokativen Aussagen.« (Aargauer Zeitung)

»Spitzentrainer und Highlight des Jahres.« (RTL)

»reist für seine Vorträge rund um den Globus und scheut sich nicht vor klaren Aussagen« (Aargauer Zeitung)

»Geschliffene Sätze, knackige Zitate.« (Handelsblatt)

»Der Marketing-Guru« (Südkurier)

»Marketinggenie.« (Augsburger Allgemeine)

»Sätze wie in Stein gemeißelt – für solche ist Hermann Scherer bekannt und deshalb nicht zuletzt als Referent so beliebt.« (Handelsblatt)

»In seiner Wortgewaltigkeit erinnert Scherer an die biblischen Trompeten von Jericho.« (Der Standard)

»Der Erfolgsmacher« (Focus)

»der zu den erfolgreichsten Rednern Europas zählt.« (econo Wirtschaftsmagazin)

»hat den Ex-Präsident Bill Clinton für ein Zukunftsforum in Augsburg gewinnen können.« (Süddeutsche Zeitung)

»Mit Humor und rhetorischer Genialität fegte Scherer über die Bühne und zeichnete dabei Beispiele für Motivation und Überzeugungskraft« (Main Post)

»Ein Virtuose seines Fachs Nordbayrischer Kurier« (Nordbayrischer Kurier)

»zählt zu den Besten seines Faches. Seine Seminare sind gefragt – bei Marktführern und solchen, die es werden wollen.« (Süddeutsche Zeitung).

»Charismatisch, emotional, lustig und nachdenklich gab Referent Hermann Scherer viele Denkanstöße mit auf den Weg« (Marburger Zeitung)

»Der 52-Jährige gilt als einer der besten Redner der Republik.« (Marburger Zeitung)

»Focus Topcoach« (Focus)

»Millionen Menschen lesen seine Bücher und besuchen seine Seminare« (Radio Berlin Brandenburg)

»Großes Popkornkino für ein intelligentes Publikum ... dürfen wir Hermann Scherer wohl zu den großen Denkern zählen. Hier haben sich Scherer und der Campus-Verlag selbst übertroffen. Glänzende und anregende Unterhaltung für intelligente Menschen.« (www.roter-reiter.de)

»Hermann Scherer ist eine außergewöhnliche Persönlichkeit und zum Maßstab einer ganzen Branche geworden. Mit dem „Grand prix d'excellence des conférenciers européens" ehrt ihn Vortragsredner.de für sein umfassendes, immer wieder inspirierendes Lebenswerk.« (Vortragsredner.de)

»Mit über zwei Kilo Gewicht, Überformat und 400 reich bebilderten Seiten ist es ein Kompendium der Unternehmensführung.« (managementbuch.de)

»Ein Feuerwerk von Marketingimpulsen im XXL-Format.« (Hamburger Abendblatt)

»Einer der einflussreichsten Managementexperten unserer Zeit.« (Huffington Post)

»Die Vita des Managers, Marketing-Genies und Motivators ist Zeugnis eines beeindruckenden Werdegangs.« (Neue Presse Coburg)

»Ein Virtuose seines Fachs Nordbayrischer Kurier« (Nordbayrischer Kurier)

»Er ist Bestsellerautor und ein Redner, der sein Publikum fesselt.« (Handelsblatt)

»Vortragsredner 2012« (Vortragsredner.de)

»Trainer des Jahres 2013« (Europäische Trainerallianz)

»International Speaker of the Year 2014« (Wissen und Karriere)

»Top-Speaker 2015« (Magazin Training)

»Grand prix d'excellence des conférenciers européens 2016« (Vortragsredner.de)

»Speaker des Jahres 2018« (Erfolg Magazin)

»Tiger Award 2019« (Erfolg Magazin)

»...gehört zu Deutschlands gefragtesten Vortragsrednern.« (Erfolg Magazin)

»Sein Verstand ist scharf und schnell, seine Worte wie ein Schwert seine Positionierungsarbeit - für die Andere Stunden brauchen - innerhalb von wenigen Minuten präzise!« (Journal)

»Er ist der Trainer aller Trainer in Deutschland!« (Kettenbrecher)

»Manche von ihnen haben es zu kleinen Stars gebracht. Sie heißen …Hermann Scherer. Gewiss, Millionen von Deutschen haben noch nie etwas von ihnen gehört. Doch für wenige sind sie so etwas wie Priester oder Gurus.« (Wirtschaftswoche)

»Hermann Scherer gilt als einer der sympathischsten und erfolgreichsten Top-Speaker in Deutschland.« (Erfolg Magazin)

»Mehr als 3000 Vorträge vor insgesamt rund einer Million Menschen in mehr als 3000 Unternehmen und in über 30 Ländern, bescherten ihm Preise wie unter anderem „Vortragsredner des Jahres 2012", „International Speaker of the Year 2014" und den „Top Speaker des Jahres 2015".« (Erfolg Magazin)

»Auch als Unternehmer mit 22 Mitarbeitern und einem geschätzten Umsatz von mittlerweile 50 Millionen Euro erhielt Hermann Scherer den „Tiger Award 2019".« (Erfolg Magazin)

»Der David Copperfield der Rednerbranche.« Dan Berlin

**Copyright**

KERSTIN & HERMANN SCHERER GMBH & CO. KG

JOHANN-STEFFEN-STRASSE 1, 56869
MASTERSHAUSEN

Web: www.hermannscherer.com

E-Mail: info@hermannscherer.com

Tel: (0049) 6545 / 95 99 000

Auflage 1

Autor: Hermann Scherer

**Bildrechte & Lizenzen**

Printed in Poland
by Amazon Fulfillment
Poland Sp. z o.o., Wrocław

49739998R00070